kokoro
library

発達障害

うちの子、
将来
どーなるのっ!?

かなしろにゃんこ。

講談社

落ち着きがなくて
机にずっと向かって
いられなくて
リュウ太くーん
教室から
脱走
したり

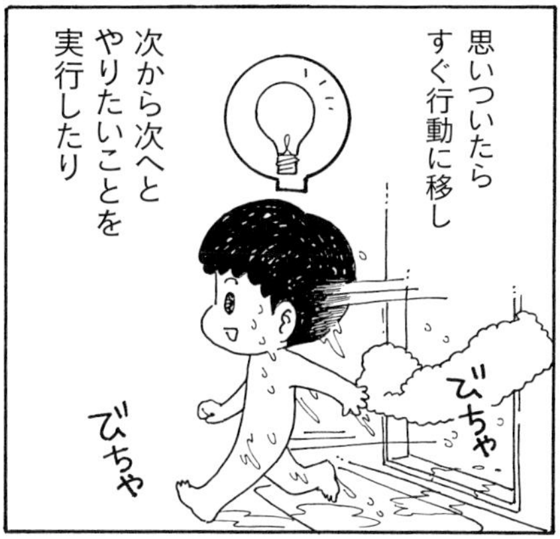
思いついたら
すぐ行動に移し
びちゃ
びちゃ
次から次へと
やりたいことを
実行したり

周りがよく
見えないから
うっかり
ケガをしちゃったり
忘れ物やなくし物を
連発しちゃうけれど
あまり反省がなくて
おサイフ
なくし
ちゃったー

monologue モノローグ

こんな
多動性や衝動性
注意欠陥のある
息子
リュウ太を育てて
いる
ぼくが
ネタかよ
かなしろにゃんこ。
と
申します

リュウ太は小学校４年生の時に児童精神科で検査を受けて
こころ クリニック
ガーン
発達障害のＡＤＨＤです
精神科医
リュウ太の父
と障害がハッキリしました
ＡＤＨＤは脳の一部の機能不全により
注意したり集中したり衝動の抑制などの情報処理がうまくできないといわれています
特徴は一人一人違います
日常生活のなかでできることもあればできないこともあったりで
なぜやらないの？
周りの人もリュウ太の行動が理解できずに困ってしまいます
←笛が苦手
なので
たるんでいる
ふざけている
怠惰だと思われがちです
どうしてぼくは怒られてばかりなんだろう…

親の私も理解するのにとても時間がかかりました
テスト
創作漢字ばかりだし
ははは…空欄も多い
クリニックの心理士の先生との
教育相談
できればリュウ太くんへの期待は25%程度にしてあげてください
100%期待しちゃうとできないことに注目してしまって
ガミガミ注意してしまい親子関係が悪くなることがあります
ギク
ハイ…もうなっています
発達障害の子は実年齢よりも3割幼いと思って接してください
へー
リュウ太くんは今 小4なので小1くらいだと思ってあげるといいですよ
そう考えると気が楽かも
分かりました

この子を理解してあげられるのは私たちだけ…
学校でじっと座っていられなくても
一人だけテストを受けずに寝ていても
体にお習字書きまくっても
イレズミね
「変わった子」と思われない国があったらいいのにな…
発達障害って受け止めるのも
その症状を語るのも重いな…って思っていた時
うちの子はADHD
『うちの子はADHD』というマンガを描くことになって

わが子の問題と向き合うことができるようになりました
そんな息子も中学生になり「自主性」が求められ自分のことは自分でする年頃ですが
あいかわらずなくし物や忘れ物が多く学習に影響が出るほど
学校生活での困り事はなくなりません
プリントがない
ケンカしてボロボロ
テストもボロボロ
この子は高校に入れるのかしら?
大学は?
就職は?

できれば
順調に歩んで
ほしいけれど…
もしかして
難しい？
どんな未来が
待っているんだろう？
心配だなぁ
ガツ
ガツ
今のうちから
準備しておいた
ほうがよいことって
あるのかしら？
そう思うと…
発達障害のある
先輩たちは
どう進学して
どんな社会人になって
いるんだろう？

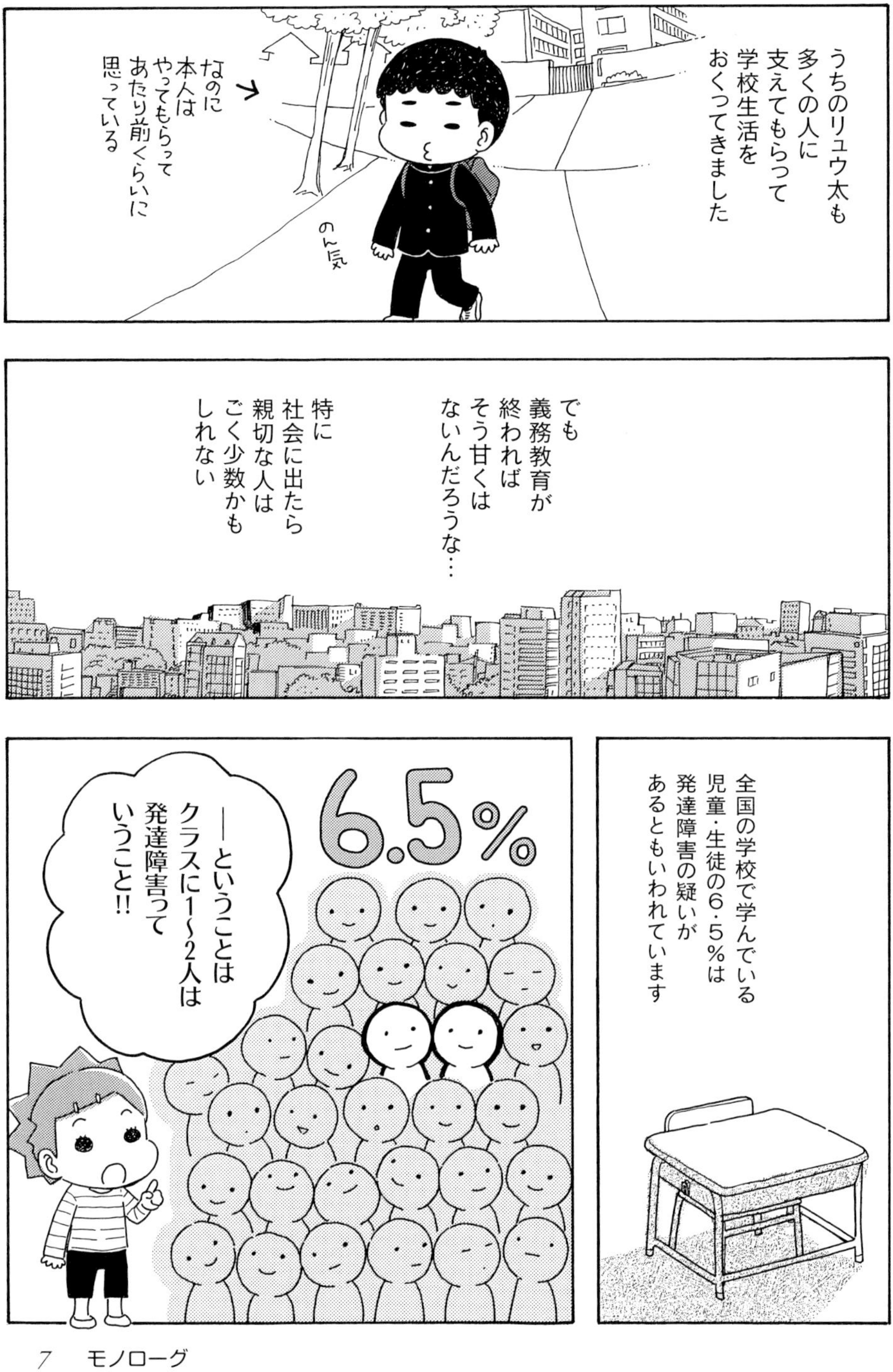
うちのリュウ太も多くの人に支えてもらって学校生活をおくってきました
なのに本人はやってもらってあたり前くらいに思っている
のん気
でも義務教育が終わればそう甘くはないんだろうな…
特に社会に出たら親切な人はごく少数かもしれない
全国の学校で学んでいる児童・生徒の6・5%は発達障害の疑いがあるともいわれています
6.5%
――ということはクラスに1～2人は発達障害っていうこと!!

そういう子たちも
大人になって
どんどん社会へ
出ていく
うちと同じように
わが子の将来を
心配する親は
多いかもしれない
これはもう
私だけの問題じゃ
ないな
うーん
高校や大学での
支援の現状
就職のための
準備や
社会の仕組み

そして
自立して
生きていくためには
何が必要
なんだろう
知りたい…
うひょー
またやってる
宿題は？
親として
マンガ家として
私だからできることが
あるはず
うん!
これは実際に
見てこなくちゃ!
そんな思いで
取材に
とび出しました
MEMO

contents

記者／宇野さん　編集者／中満さん　作者／かなしろにゃんこ。

高校選びとライフプラン

皆さん「ライフプラン」って知っていますか？人生設計のことですよ
今日私たちはNPO法人「発達障害支援アカンパニスト」の勉強会にお邪魔しています
講師　柳下記子さん

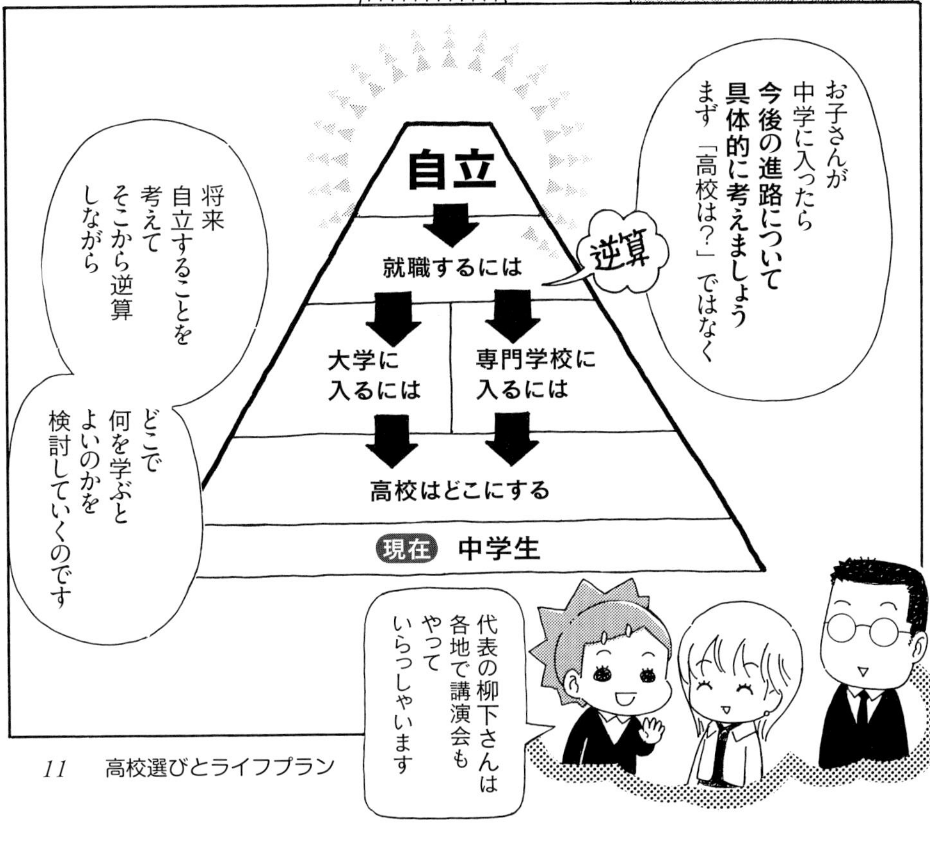
お子さんが中学に入ったら今後の進路について具体的に考えましょう
まず「高校は？」ではなく
逆算
自立
就職するには
大学に入るには
専門学校に入るには
高校はどこにする
現在　中学生
将来自立することを考えてそこから逆算しながら
どこで何を学ぶとよいのかを検討していくのです
代表の柳下さんは各地で講演会もやっていらっしゃいます

もう
巣立つ準備を
しないと
いけないのね
ガーン

中学校（公立・私立）
中学校を卒業すると
進める選択肢が
広がります

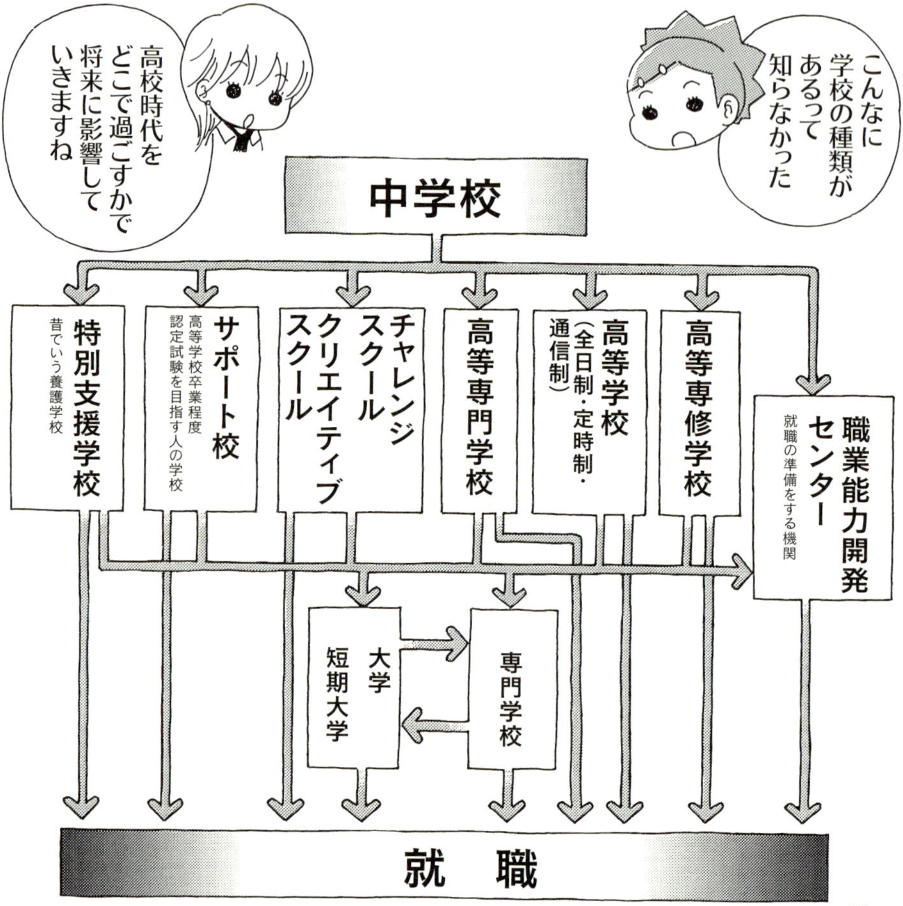
こんなに
学校の種類が
あるって
知らなかった
高校時代を
どこで過ごすかで
将来に影響して
いきますね
中学校
特別支援学校
昔でいう養護学校
サポート校
高等学校卒業程度
認定試験を目指す人の学校
チャレンジスクール
クリエイティブスクール
高等専門学校
高等学校
（全日制・定時制・通信制）
高等専修学校
職業能力開発センター
就職の準備をする機関
大学
短期大学
専門学校
就職

高校を選ぶ時は その先 進学するのか 就職するのかを しっかり考えて 決めたいですね
何が得意で 何が苦手かという 子供の「特性」を 親子で理解しておく ことも必要です
理科が得意じゃ ないのに 理科系の学校へ 進んでも つまずいてしまう ことがあります
ドキー
息子は理数が苦手なのに 機械系の高校を狙う親
向いているか どうかは 考えていなかった かも…
発達障害といっても 症状名だけでは その子の特性を 判断できません
ADHD
注意欠陥多動性障害
LD
学習障害
PDD
広汎性
発達障害

一人一人の特性に合わせた進路選択が必要なんです
一般の高校を目指すなら受験のための学力も必要です
苦手な科目があるから一般の高校はムリと考えることはありません
家庭学習でフォローしながらチャレンジするのもいいでしょう
特別支援学校も選択肢の一つです
ただし療育手帳や医師の診断が必要な場合があります
1年生から会社見学や就職実習がある学校や
なかには一般高校に近いカリキュラムがある学校もあります
ムリをして一般高校に入ってもなじめなかったらつらいですよね

チャレンジスクール
クリエイティブスクールなど
（地域により呼び方が異なる）
引きこもりや不登校の人にも合わせた普通学校
発達障害の人にも合わせた普通学校
細やかな学習支援がある普通学校
このように生徒の様々なニーズに合わせて支援を行う学校も作られてきています
行きたい学校をリストアップしたら訪問してみましょう
発達障害への支援や理解があるかどうかもポイントです
学校の雰囲気や生徒の様子ってそれぞれ微妙に違いますよね
文化祭やオープンスクールに行ってみよう！
うん うん
1学年 文系
2学年 文系
国語総合 5
現代文 2
地理A 2
古典 3
現代社会 2
世界史B 4
数学I 4
日本史B 4
数学A 2
数学II 3
訪問した時にはカリキュラムを聞いておくといいと思います
得意な科目があれば自信になりますね

コミュニケーションにつまずきがある子はソーシャルスキルトレーニング（SST）を取り入れている高校を探してみてもいいですね
SSTとは社会生活で必要な話し方や考え方人づき合いのコツなどを身につける訓練で社会に出ても役立つものです
場に応じた話し方
高校でやっていなくても支援団体を利用してSSTを受けることもできるでしょう
今日のテーマ
「上手なたずね方」
敬語の使い方
今お話ししても大丈夫ですか
ただし学校の勉強との両立が問題です課題が多い学校もあるので要注意
疲れた…

どのくらい課題が出るのか在学中の生徒に聞いてみてもいいですね
リサーチ
SST
勉強
勉強とSSTできればバランスよく学んでほしいな
友達づき合いに不安を感じる子もいると思いますが
人間関係を気にせず学べる所もあります
自宅学習
一人でできない人はサポート校
例えば通信制にしたりサポート校にしたりという選択です

通学する人の年齢も様々
定時制も自分のペースで学びやすい学校です
文部科学省
教育
教育に関する基本
幼児教育・家庭教
小学校・中学校・高
大学・大学院・専門教育
文部科学省のホームページにも情報が公開されているので参考にしてください
これは大切なことですが
本人が進路を決められるのであればそれが望ましいのです
高校進学を機会に将来について親子でじっくり話し合う時間を
親はマネージャー的な存在です本人が決めやすい環境を作ってあげたいですね

★特別支援学校には作成義務があり、普通学校では必要に応じて作られる。

ぼくの取り説
要するに「自分の取り扱い説明書」みたいなものを作ると考えたらいいかもしれません
ぼくは忘れっぽい
だから❤約束などは必ず手帳に記入しておきます
ぼくは方向オンチ
だから❤前もって下調べをしてから出かけます
ぼくは人の話を一度で理解するのが困難
だから❤あらかじめくり返し話してくれるように頼みます メモもとるようにしています
ぼくは人の名前をいい間違えやすい
だから❤頭の中で確認してから呼ぶようにしています 呼び間違えた時は謝っていい直します
そして高校卒業後の進路は就職だけと考えず
大学にもチャレンジしてほしいです
大学入試センター試験の「受験特別措置」って知ってます？
受験特別措置!?
障害がある人のための制度です ２０１１年から発達障害の人も申し込めるようになりました
それならチャレンジしてみようって気持ちにつながるかも

受験特別措置
・試験時間の延長
・文字を拡大した問題冊子の配付
・別室での受験
・試験室入り口までの付添者の同伴
などの支援があります
支援を受けるためには申請書を送って審査を受ける必要があります
POST
このような進路選択の第一段階が高校選びです
自立
どの子もいつかは社会に出る日がやってくる高校選びはその準備の一つなんだ
学校という場の居心地のよさも大事だし…
だからこそ慎重に考えていくことが必要なんだな

取材が終わって
子供の自立を見据えた高校選びのお話は目からウロコでした
次は高校や大学も取材してみたいですね
はい
それとうちの子にも指導計画が作られているか学校に聞いてみます
後日学校で
指導計画は特別な支援が必要な生徒にしか作っていません
リュウ太くんのはないんです
そうか…やっぱり誰にでも作られているものではないんだ
じゃあ うちの子の「特性ノート」を自分なりに作ってみようかな!
面談を利用して先生に息子の様子を聞いてみました

学校でのリュウ太の様子 1 年 2 学期
本人が困っていること 同級生とよくケンカになってしまう。
先生が困っていること 自分のことを棚に上げて人を非難するところがある。
教室・それはいつあるのか
話し合いの時間、休み時間
掃除の時間
部活・それはいつあるのか
ランニング中に言い合い
ダブルスの練習中
周りとのコミュニケーション
汚い言葉を使ってしまう
早口で主語がなく話し出す。
指示を理解している
実際に行えること
先生としばらく話し合い落ち着いてくると説明を理解する。
本人の思い
ケンカはしたくないが周りが腹の立つことを言うので許せない！
友人関係
趣味の合う子とはべったり。複数人でも遊べるようになってきた。
今後必要なこと 人の失敗を悪く言ったりおせっかいな注意などをしない。話したい内容を頭の中でまとめてからしゃべるようにする。ゆっくりとハッキリ話そう。
家庭でのリュウ太の
本人が困っていること
親が困っていること
勉強はどうか
家庭学習はできていると思うがパフォーマンスでおわっていることが多い。
親とのコミュニケーション
主語がない。聞き返すと怒り出す。よくしゃべる。
本人の思い
父親が恐い。注意なのか怒っているのか区別がつかない
%はできる。メモが無いと忘れる
こだわり・くせ
目を細めてTVを観る。
読書中に独り言が多い。
今後必要なこと
そして
私が住む県の
教育委員会の
ホームページにある例を
参考にして
「特性ノート」を作りました
学校での
息子の愚行を知り
さすがに
落ち込み
ましたが
知らない
一面も発見!!
いいことも
悪いことも
両方記入
リュウ太のノート
おかげで
うちの子には
SSTが必要だと
分かりました
あんた学校で
汚い言葉
使いまくるの
やめなさいよっ
先生から
何を聞いた
今は まだ
中学1年生だけど
わが家でも
息子の自立に
プラスになる
高校選びをしていか
なくちゃやな〜！

高校での支援

ある日の編集部
高校選びが大事だと分かったけれどうちのリュウ太のこと考えると普通科かな～
でもやっていけるのかなっていう不安もあるんですよね
文部科学省が2年単位で全国にモデル校を指定して教育支援のための研究を進めているところなんですよね
まだ研究段階なのね～
千葉県にモデル校を経験した公立の高校がありますよ！
普通科の高校なのに発達障害のある子にもそうでない子にも丁寧な指導を行っているらしいですよ
へー
どんな学校なんでしょうね
では行ってみましょう

後日
今日はよろしくお願いします
千葉県立船橋法典高校
学校を案内してくれたのは
岡野校長（当時）
小川教頭（当時）
1年学年主任 牧先生（当時）
まず1年生の教室を見学しましょう
どーぞ
ガラッ
ノートの提出中みたいね
うちは通常学級しかありませんが教師陣はユニークなんですよ

このクラスの担任は特別支援学校から移ってきた先生なんですよ
私は中学校の教師だったんです
OH!

全生徒にきめ細かな指導ができるように教育支援の経験がある先生たちにも来ていただいているんです

高校の教室らしくないと思うことはありませんか
掲示がしっかりしていますね
キョロ キョロ
Change!!
あじはみそ
あ いさつをしよう
じ かんを守ろう
は なしを聞こう
み だしなみを整えよう
そ うじを頑張ろう
月 火 水 木 金
1 2 3 4 5 6
その他 紙・ビニール
缶 かん
ペットボトル

そうじの手順
机の移動は全員で！！
① ほうきグループ
● ごみをはきだし、ちりとりでとる
● 机を元に戻す ※マジックでつけた印にきちんと
● ごみがきちんと分別されているかをチェックする
② どうきんグループ
● バケツに水を入れる
● 戸棚、窓やドアのレール、イスの脚についたほこりなどを
③ 黒板グループ
言葉だけでなく目からも伝えるようにしているんです
ハッキリ書かれていて理解しやすいですね
清掃分担表 やるときゃやろうぜ!!
4月 5月 6月 7月 8月 9月 10月 11月 12月 1月 2月 3月
教室
教室
特別棟3階廊下
多目的室
教室
多目的室
特別棟3階廊下
教室
多目的室
教室
文字が大きかったり色分け表示されていたりして見やすい！
そういえば一クラスの生徒数が少なかったですね
そうなんです。1年生は一クラス25人です
1年生の時に少人数で丁寧に指導すると2年生からが違ってくるんです
授業ではどう取り組んでいるのですか？
ゆっくり話すくり返しを多くする
それから説明の筋道を大きく示すことや
どこをやっているのかをハッキリ伝えるようにしています

個別に教える時間もできるだけ作っています
ノートでは
先生の話を聞きながら書くのは大変…
うまくまとめられなくて時間がかかる
このような生徒もいるので
今からノートの時間です
授業終盤に必ず時間を設けています
学習面では
簡単な図を作って説明したり
重要ポイントが一目で分かる穴埋め形式のワークを利用したりしています
Ⅱ 戦後の復興期
(1) 経済の民主化
三大改革
復興支援
アメリカの思惑
思想 政治体制
貿易相手
三大改革
バブル崩壊がもたらしたもの
金融システム

数学のミニテストはこんな工夫をしています
難しい問題
簡単な問題
右
左
とりあえず左面を埋めよう！できたら右面に進んでもいいよ
困っている生徒には一人一人見て回って根気よく教えます
どれどれ
教えてもらったらなんとかできた！ちょっと右面もやってみよう
右面もやろう！ とチャレンジする生徒が出てくるんですよ
なかにはこういう生徒もいます
うれし〜♥
中学のころは80点なんて取ったことなかったの
本当は数学が苦手じゃないのかもよ
確実にできる問題から始めていくと自信がついてくるんですね
ちょっと楽し〜かも

評価では
つまんねー
座学だと学習意欲がないな
でも
今日はやる気満々だね
オレ実験はテンション上がるんだ
実習になると意欲的になる生徒もいます
得意なことも苦手なことも一人一人違うので
その生徒なりに頑張ったかどうかを見ることも大切にしています
よしっ
自信にもなるしそういうところを見てくれるのはうれしいですね
うちの学校は生活指導にも力を入れています
例えば
おは――っス
ガラッ
ダメ――その入り方やり直し

やり直しっていわれても…
正しい作法が分からない生徒には
ペコリ
ノックして「失礼します」「△△先生おはようございます提出物を持ってきました」というのが正しいよ
はーい
その場でデモンストレーション
こんなこともやっています
話し方によってトラブルが起こることを理解してもらうために実演を行ったり
コミュニケーション
・話し方
・聞き方
・質問のしかた
教師のデモンストレーション
そのつど個人的に指導したりしています
ムシ
あのさー
でさー
へぇ〜
二人ともオレの話を聞いてくれない
ムカック☆
うんうん
二人がしゃべっている間に割り込んでも話に夢中だからムリだと思うよ
えーー

二人の話が終わってから話しかけるのがマナーなんだ
タイミングね
よし今だ!
あのさー
…
おー
そっか!
でも高校生くらいになると先生に対しても素直じゃないですよね
何か秘訣があるんですか?
信頼関係ですかね
生徒との距離を縮められるように休み時間はなるべく指導以外の雑談をしているんですよ

教師みんながほめたり励ましたりして生徒をサポートしてやりたいという気持ちを持っているんです
生徒が自分のことを好きになって意欲的になってくれるとうれしいですね
普通科の学級でこんなことをやっているなんて驚きました！
実は発達障害特別支援教育のモデル校になる前から学校改革のために「自己啓発」など様々なモデル事業に取り組んできているんです
生徒にアンケートを取ってみると
学習面
コミュニケーション
生活態度
これらの困り感を持っている生徒が多かったのです

発達障害特別支援教育のモデル校になって
正直最初は
どんなことをすればいいのか？——と不安でしたが
発達障害特別支援教育 モデル事業 研修会
求められていることはすでにこれまでの学校改革の取り組みでベースができていました
生徒一人一人をよく知ってその子の持つ困り感を根気よく支えていく教育は
発達障害のある生徒にも応用がきくものだったんです
これを「ユニバーサルデザインの教育」ととらえています
様々な困り感を持つ生徒の誰もが快適に落ち着いて学べる教育環境です

中学校では休みがちだった生徒が皆勤するようになるなど
遅刻や欠席数も減少しています
オレ大学
あたし就職
専門学校に行く
そして進路決定率のアップなど
成果も上がってきているんですよ
発達障害のある人が生きやすい環境ってみんなが生きやすい環境でもあるんですね

ところで入学の時に発達障害があると伝えたほうがいいのですか?
それぞれです いってもらえば その生徒に合わせて 対応をします
でも いわないで いたいのなら それでも かまわないのです
発達障害が あってもなくても その子の困り感に対して 丁寧に指導することに 変わりはないですからね
発達障害の ある子も 他の子と変わらず 学校になじんで 勉強にも部活にも 励んでいますよ
ファイトー

生徒みんながそれぞれ高校3年間で成長していってほしいです
こういう学校なら発達障害がある子の不安やストレスが軽くなるかもしれない
うちの学校に視察に訪れる教育関係者も多いので
高校の教育支援はどんどん進んでいくと思いますよ
ええ ほんとそうなるといいです
うちのリュウ太もこういう学校でのびのび学んで大学にもチャレンジしてほしいな
でも大学に進学した発達障害のある人達は困ることはないのかな？
大学にも取材に行ってみよう！

大学の取り組み

大学での支援を知るために
首都圏のある大学内の学生相談室を訪ねてみました
相談室 室長
安倍正和先生
ここでは発達障害の学生の相談にものっています
スタッフの臨床心理士
山崎史子先生
大学側の希望で校名・相談室スタッフのお名前は仮名とすることになりました
学生はどんなことで困っているのでしょうか？

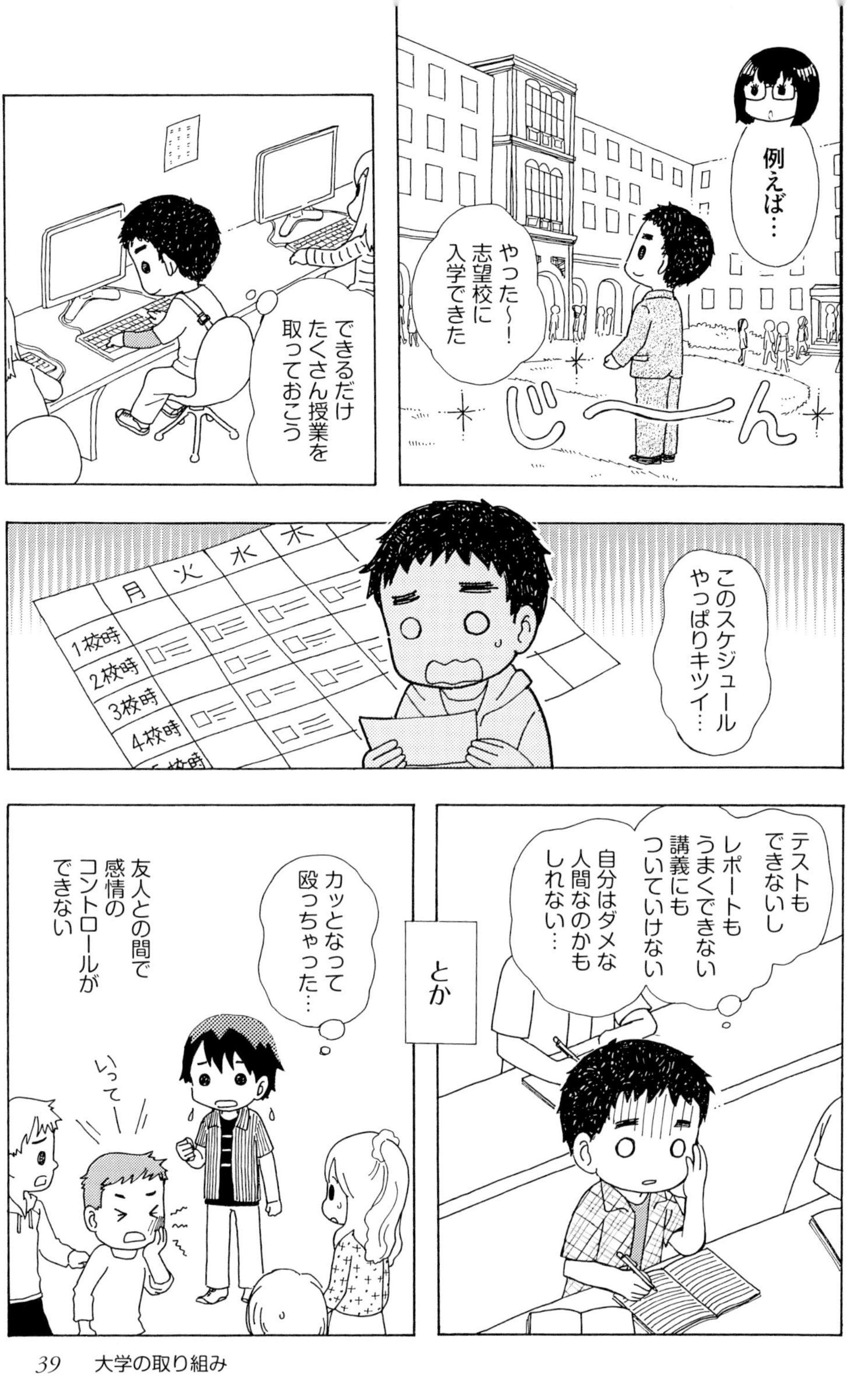
例えば…
やった〜! 志望校に入学できた
じ〜ん
できるだけたくさん授業を取っておこう
月
火
水
木
1校時
2校時
3校時
4校時
このスケジュールやっぱりキツイ…
テストもできないし レポートもうまくできない 講義にもついていけない
自分はダメな人間なのかもしれない…
とか
カッとなって殴っちゃった…
いってー
友人との間で感情のコントロールができない

どうやって友達を作ったらいいのか分からない
わいわい
わいわい
人がたくさんで気持ち悪い
ここにはいられない
ザワザワ
相談室へ来る発達障害の学生は小・中・高ではそれほど問題もなく過ごしてきて
大学に入ってから不適応を起こす人が多いようです
広すぎるキャンパス
人間関係
自己管理
そうなんですか
大学生活のなかで不安感や失望感が生じてきて
原因を調べよう
アレ？もしかして
それで発達障害ではないかと気がついてここへ来る学生

講義で発達障害のことを学んで
今まで学校でうまくいかないと思ったらコレなのかも?
と感じて訪ねてくる学生
自分はアスペルガー症候群かもしれないので検査してください
―といってくる学生などほとんどが自分から相談に来ます
検査もしているんですか?
はい希望する学生には行っています

ただ ここは相談機関なので診断確定はしません
必要に応じて診断を受けられる医療機関を紹介しています
検査の目的は
・自分の特性を知る
・必要な支援を把握する
検査した人のなかには
前から自分は発達障害じゃないかと思っていたから少しホッとしました
こう安心する人もいます
でも検査をしたからといって状況が変わるわけではありません
どの手?
自分の凸凹な特性を活かしていく努力が必要になってきます
手法
手法
その方法をカウンセリングなどを通じて探っていくお手伝いをするのが相談室の主な役割です

コミュニケーションが苦手な学生には個別に具体的なアドバイスをすることもあります
研究室でぼくの考えをみんなに伝えたいのですがどう話していいのか分かりません
考えを伝える前に「前置き」をおいてから話しはじめるといいんですよ
場面ごとのやりとりの仕方が分かるとコミュニケーションを「パターン」として身につける人もいます
①挨拶
おはよー
おはよう
②まくら詞［前置き］
レポート提出の期日が近くてお互いに大変だよね
ほんと大変だよね
③本題
そのことでちょっと聞きたいことがあるんだけど今大丈夫？
うん少しなら
④感謝
ありがとう忙しいのに悪いね

教員に疑問を尋ねる時
複数人で話し合いをする時
大学内の施設を借りる時
友だちに意見を述べる時
先輩に相談する時
これを1セットとしていくつものパターンを「学習する」という形で覚えるんです
覚え方が独特ですね
自由な環境で「試しにやってみよう」「自分で考えてみよう」と自主的に行動するのが苦手な人もいます
研究テーマと計画は自分で決めて進めるように！
え——？
何をしていいのか
分からない
どこから
どこまで
どういう形で
定義は…
そういう場合教授や准教授には状況に応じて一連の手順を細かく指導してもらうようにしています

レポートの テーマは もう 決まった？
いえ まだ何も…
教授
うちの研究室では ○○や××などの テーマが考えられる けど…
！
ちょっと一緒に 相談しようか
はい
こんなふうに 研究テーマや 計画の進め方などの 相談にのってもらったり
授業での 困り事の相談 などにも 丁寧に対応して もらったり しています
課題で 分からないところ ある？
あ…はい
教員の方々も 意外と協力的 なんですね！
ええ 相談室まで 来てくれますよ
大学の支援って 思っていたよりも 丁寧だわ！

でも以前は
あまり十分では
なかったんです
この相談室も
平成17年に
「発達障害者支援法」が
施行されてから
開設されました
他の大学の
相談室も参考に
されたのですか?
自閉症
アスペルガー症候群
広汎性発達障害
ADHD
LD
医療
教育
療育
就労
国が支援
はい
同時に私たちが
独自に蓄積した
ノウハウも
取り入れています
ここでは
「苦手を克服しよう」
ということではなく
他の方法で
カバーできないか
探りながら
支えていきます
さあ
ガンバレ
苦手なのに
なぜバーが
高い
周囲の協力を得たり
環境を変えることも
大切なので

学内の人に発達障害のことを知ってもらう啓発活動もしています
理解を得て周りにフォローしてもらえると苦手なことに向き合う余裕が生まれてきます
就職活動の相談はどうですか？
早い人では1年生の時から就活の心配をする学生もいます
3・4年になると面接でうまくいかないという悩みが出てくるケースはあります

就職は発達障害であることをオープンにしてする人もそうでない人もいて両極端です
すると障害者枠で就職する人もいるのですか？
ええいます
就労支援機関に一緒に出向いて案内することもあるんですよ
そういう支援もあるんですね
でももっと学外の組織と連携していかないといけないなと思っています
就職は受け入れる企業側の理解が必要になってきます
リーダーシップがとれてうまく会話ができる人材だけがよい社員とはかぎりません

寡黙な職人タイプや芸術家タイプなどいろんなあり方があってもいいと思うんです
そういうところを企業や社会に分かってもらいたいのです
相談室を利用すれば進路がひらけるわけではありません
ここはいわば学内の「かけこみ寺」です
相談室
自分の特性を理解してくれる人がいて困った時に支援を受けられる場所です
誰も私の話を聞いてくれないの
ペラ ペラ ペラ
うん うん
50分間しゃべり続けて

あーースッキリした
じゃあまた来ます
こういうことも相談室の一つの役割ですね
どういう形にしても発達障害の人達が高等教育の機会を奪われることなく安心して学校生活をおくれるように少しでも力になっていきたいです
大学の支援は始まったばかりですがどんどん広がって充実していくと心強いですね

大学生のキャンパスライフ

石川里佳さん（仮名）は
アスペルガー症候群がある
埼玉県の大学に通う
3年生です
学校での様子から
プライベートまで
お話を伺えることに
なりました
よろしく
お願いします－
聴覚過敏があるため
インタビューは
カラオケ店の個室で
行いました
聴覚過敏って
どんな感じ
なんですか？
ガヤガヤ
ガシャーン
ガサガサ
ピピピピ♪
バタバタ
ブブー
いろんな音が
同時に
耳に入ってくる
感じがします

じゃあ 大勢で受ける授業は大変でしょう
う〜ん…そうでもないです
私は哲学専攻なのですが
文学部の授業は静かなことが多いので大教室でもわりと集中できます
石川さんはゆっくりですが一つ一つ順序よく慎重に話す女の子です
実家住まいですか一人暮らしですか?
都内の実家から1時間半かけて大学に通っています
勉強や授業で困ったことはありますか?
…そんなにはないですね
受験ではそれなりに勉強して志望校に合格できました
今学期の授業は11コマ取っています哲学の他に心理学の授業や

韓国の時代劇が好きなので「朝鮮の歴史」という講義も取っています
面白そうですね！試験ではどうですか？
テストは大丈夫なんですがレポートが難しくて…自分でテーマを絞るのが苦手です
アレがいいかな
いや やっぱりコレに…？
いや あっちがいいかな？
でも学生相談室のカウンセラーが相談にのってくれるので助かっています
じゃあ学生生活はわりと順調なんですね
はい
――でも一つ悩んでいることがあります
それはコミュニケーションです
私は昔から話すのが得意ではありませんでした

周りの話す スピードに ついていけない…
3人以上に なると
私が話そうと すると もう話題が 変わってる…
なにそれー
だってさー
ヤバイって
なので いつも輪に入れず 孤立してしまいます
何か しゃべりなよ
私ばかり 話してるじゃん
え… う うん
気持ちを ハッキリ表す人は 分かりやすくて つき合いやすい
こう怒ってくれた 中学時代の友達とは 今でも仲良しです
人に共感する ことや 人の輪に入るのは 苦手だな…
どうしても ストレスを 感じる…
アルバイトの面接でも うまくいかないことが 何度かありました

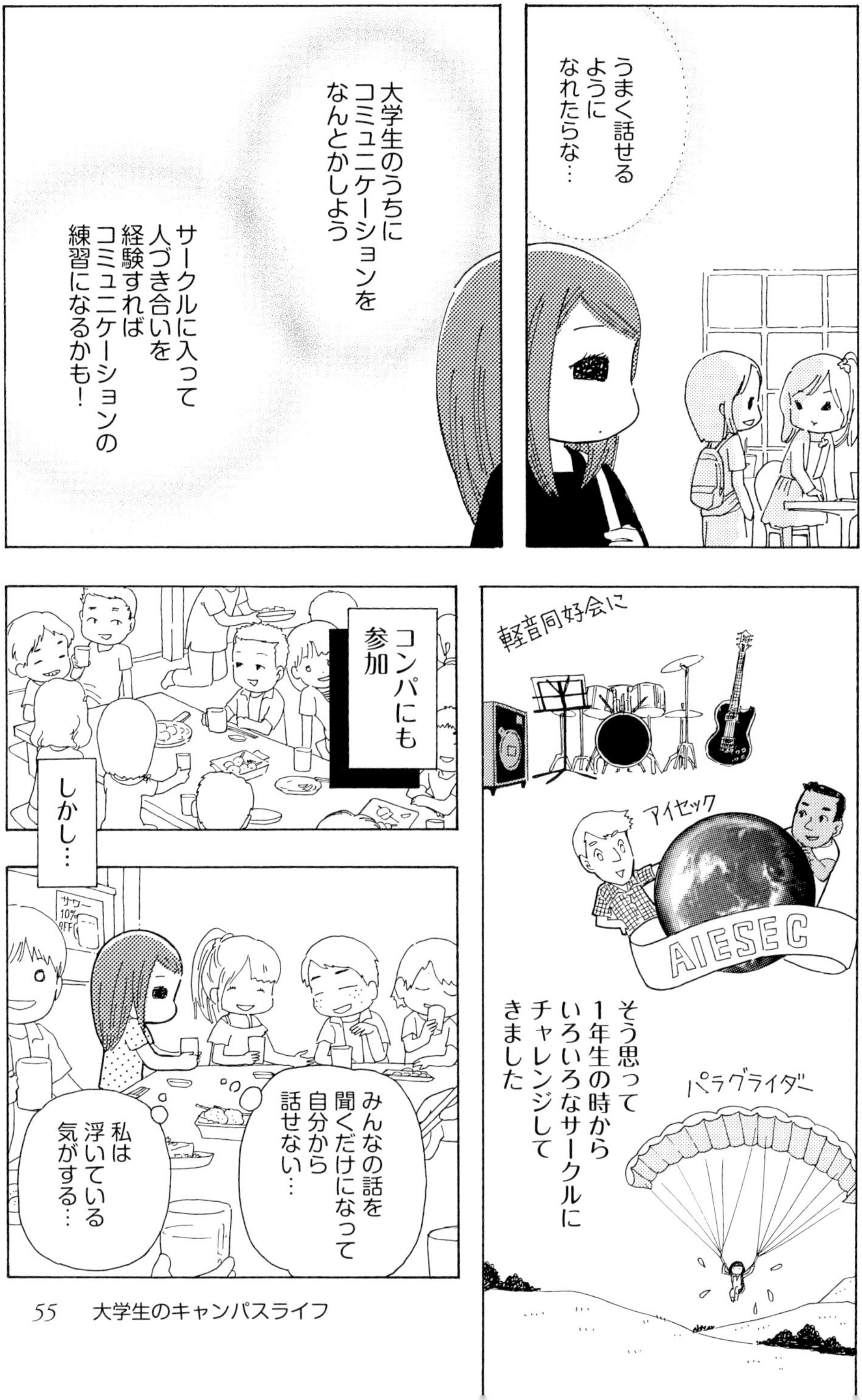
うまく話せるようになれたらな…
大学生のうちにコミュニケーションをなんとかしよう
サークルに入って人づき合いを経験すればコミュニケーションの練習になるかも！
軽音同好会に
アイセック
AIESEC
そう思って1年生の時からいろいろなサークルにチャレンジしてきました
パラグライダー
コンパにも参加
しかし…
サワー 10% OFF
みんなの話を聞くだけになって自分から話せない…
私は浮いている気がする…

こんな時
罪悪感を
持ってしまいます
それは
周りに対して
うまく溶けこめずに
申し訳ないという
気持ちです
私って
ダメだなぁ…
もちろん
授業で親切に
してくれる
友達はいるの
ですが
なかなか
親しくなれなくて
こういう気持ちを
家族や友達には
相談できずに
一人で抱えていました
父
母
弟
でも
もう一人では
解決できないかも

2年生になって学生相談室で悩みをうちあけることにしました
学生相談室
何度か通って相談室の精神科医にいわれたことは
広汎性発達障害の傾向がありますね
―という言葉でした
自分が発達障害かもしれないと聞いてどう思いましたか?
すぐには納得できなくて相談室で一般の病院を紹介してもらい自分の貯金で検査を受けたんです
結果はアスペルガー症候群でした
診断が出たら何かこれからの道筋が見えてくるかもしれないと思っていたんです

でも実際は「あなたは間違った人間だ」といわれているみたいで
絶望的な気持ちになりました
それは落ち込みますよね
今も同じ気持ちですか？
うーん…
でもまだ障害を受け止めきれたわけではないです
検査は親に内緒で受けたんです
診断のことは伝えてません
話をしても現実が変わるわけじゃないし
どうにもならないし…
―と思っているので
気持ちの整理がついたら親には話すつもりですが
これからどうしよう…
就職はできるかな…
診断後は再び一人で悩む日々でした

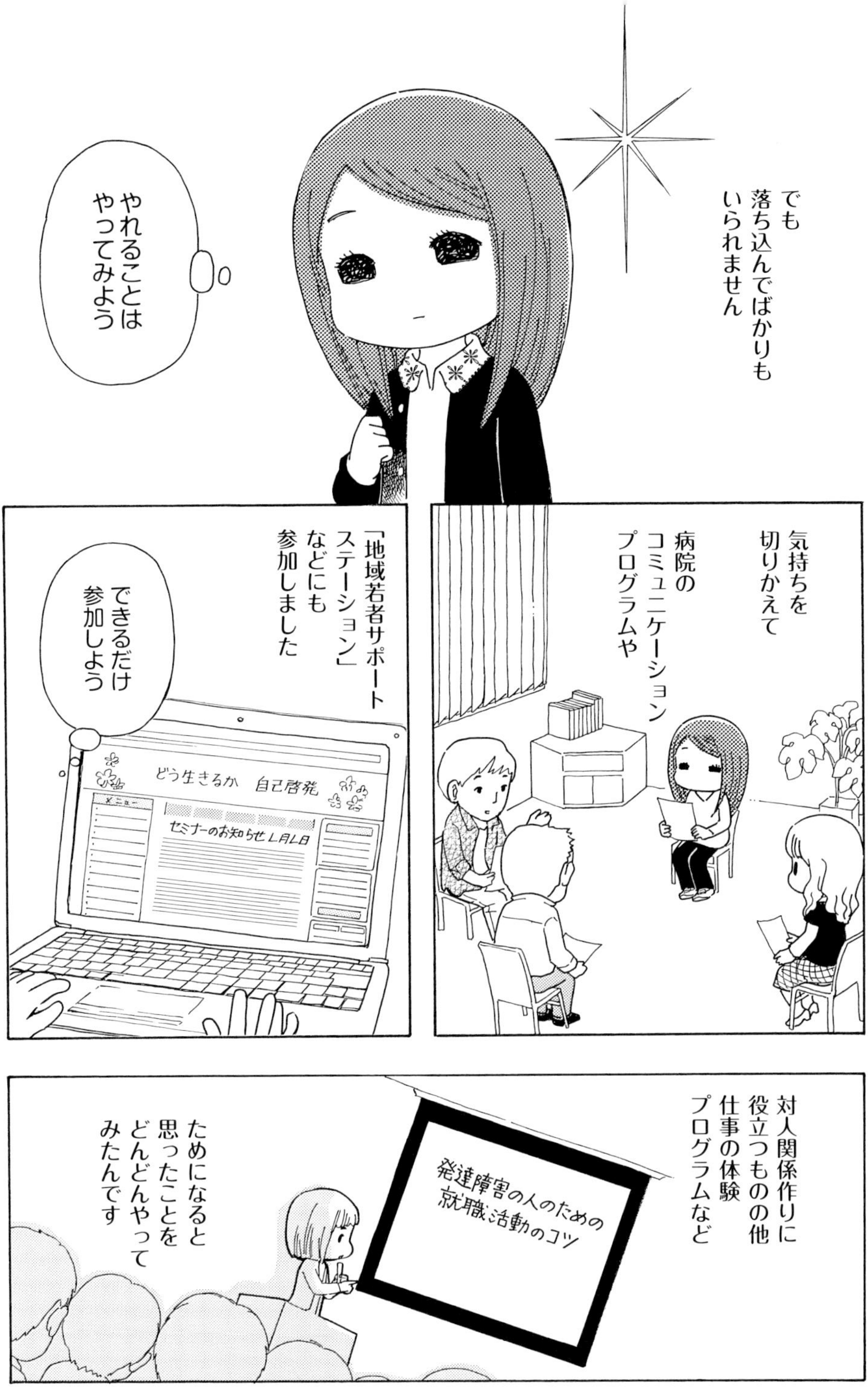
でも落ち込んでばかりもいられません
やれることはやってみよう
気持ちを切りかえて病院のコミュニケーションプログラムや
「地域若者サポートステーション」などにも参加しました
できるだけ参加しよう
どう生きるか　自己啓発
メニュー
セミナーのお知らせ
対人関係作りに役立つものの他仕事の体験プログラムなど
発達障害の人のための就職活動のコツ
ためになると思ったことをどんどんやってみたんです

わぁ〜すごく努力していますね!
ええ でも…なかには合わないものもあるんです
それで思ったのは合わないからといってがっかりしないで役に立ちそうなものだけを継続していけばいいかなって
まずは足を運んでみることが大切なんですね
今も情報を集めて時間を作って参加しています
大学生だと意外と時間が取りやすいのでその点よかったと思います
コミュニケーションへの苦手感は少しはなくなりました?
う〜ん…自分ではあまり実感がないんですけど
最近は人に「話すのがうまくなったね」といわれることがあります

よかったですね
ちなみに役に立ったアドバイスってありますか?
相談室のカウンセラーに「一問一答ではなく答えたあとに質問してみたら」といわれたことが役に立ちました
こんなふうに
あなたの趣味は何ですか?
映画やドラマの鑑賞です
あなたの趣味も教えてください
他にも「苦手なことだけじゃなく得意なこともやったほうがいい」――という言葉も参考になっています
それはいいアドバイスですね!

ところで大学3年生というとこれから就職活動が本格的に始まりますね
どんな企業に入社したいですか？
うーん…まだそこまで考えてはいないですが
旅行が好きなので海外などに行ける仕事がやってみたいかな
でも無理のない範囲でできる仕事でもいいな…という気持ちもあるので
事務や軽作業とか
いろんな可能性を試したいと思っています
社会人になったらやってみたいことはありますか？
う～ん…そうですねぇ～

就職して
お金が貯まったら
一人暮らしを始めて
自立したいですね
それと
いろいろな所へ
旅行に
行ってみたいです
アフリカとか
おお
自分の障害と
向き合いはじめた
石川さんは
アスペルガー症候群という
障害を含めて
卒業した先を見据えて
努力している
石川さんの就職や
これからが
うまくいくように
応援したい気持ちに
なりました

column

高校・大学における支援の現状と展望

阿部利彦　星槎大学共生科学部准教授

就労や自立を見据えて

高校・大学の段階で発達障害のある方々の支援を検討するとき、忘れてはいけない視点は、その学校への適応を援助するということだけでなく、その先にある就労や自立を見据えるということではないか、と私は考えています。

私は、大学教員になる前、所沢市教育委員会など多くの機関で発達障害のある人たちの支援をずっと行ってきました。もっとも長く携わったのは学齢期の子どもたちの支援ですが、最初に発達障害の方を支援することになったのは、「就労支援」の仕事だったのです。当時は生活支援パートナーという職名でしたが、ジョブコーチ（職場適応援助者）とほぼ同じ支援内容でした。

●学生時代から始まる準備

私が最初に担当させていただいた方は、有名大学を卒業され一度就職したけれども、営業の仕事が合わず退職されたアスペルガー症候群の男性でした。彼は、うまく挨拶ができない、興味があることに話題が及ぶと話が止まらない、仕事でわからないことがあっても上司や同僚に援助を求められない、など社会人としてうまく行動ができないことが多々ありました。

テストで優秀な成績をとることや、人一倍知識が豊富にある、ということは学校生活では評価されたとしても、ただそれだけでは社会に参加することは厳しくなります。学校を出てひとたび社会に参加してしまえば、世の中を渡るためのサバイバルスキルを指導してくれる場所はもうほとんどないといえるでしょう。

ですから、本書に出てくるように、高校・大学の段階で、コミュニケーションスキルの

指導を受けること、困っていることを人に相談できてよかったと思えるような経験をすること、自分の取り扱い説明書を作り上げ、自分の「いいところ」と課題を自覚することは、大変貴重かつ重要なことだと考えます。

ただ、本書に出てくるような取り組みが一般的であれば、本当に素晴らしいことなのですが、現実的にはまだまだレアなケースといっても過言ではないように思います。

高校での現状と光

とくに高校では、特別支援教育への取り組みは、まさに始まったばかりといえるでしょう。つい最近までは、現場において「入試をくぐりぬけてきたのだから、我が校には発達障害の生徒はいない」という意見がよく聞こえてきたものです。つまり発達障害＝知的な遅れがある、という発想が依然として残っているのです。

大学入試においては、発達障害のある学生を想定したシステムの見直しが行われているものの、高校入試ではそういった支援はなかなか聞かれません。ましてや特別支援教育的な配慮に取り組んでいる高校というのは、そう多くないでしょう。

●きめ細やかな指導が行われている高校

そんななかで、発達障害のある生徒一人一人にきめ細やかな教育的支援を行っているのが、長崎県にある私立長崎玉成高等学校です。この学校は、

①特別支援教育コーディネーターを二人配置、職員研修への積極的な参加、などを通じて校内支援体制を充実させる。

②気づきシートなどを活用し、生徒の実態把握につとめ、個別の教育支援計画を作成する。

③ソーシャルスキル教育を実践する。

④授業のユニバーサルデザイン化をすすめる。

など意欲的に取り組んでおられます。

また、星槎グループの各高等部（通信制、通学制両方ある）でも、共感理解教育を軸に、体験を通じて学ぶ、本人の主体性を引き出す場を設定する、といった取り組みで「生きる力を育てる教育」を行っています。

大学の教育支援の現状

さて、大学での現状はどうでしょうか？

２０１１年度、日本学生支援機構の発表によると、発達障害の診断がある大学生は１１７９人、診断ははっきりしないものの、発達障害と推察され特別な支援を受けている大学生を含めると３０００人いるとのことです。

これは大学生１０００人に１人という割合ですが、実際にはもっと多いと思われます。

このことは、まだ特別支援教育的視点を持つ大学や大学教員が少ないことを示しているのではないか、と私には思われてなりません。

●積極的な支援を行う大学

ですが、積極的に支援をしている大学もあります。まずは富山大学が挙げられるでしょう。トータルコミュニケーション支援室が設置され、ナラティブアプローチをベースにした支援が行われています。また、ＷＥＢサービスを通じ、「対面」と「インターネット」を調和させた、全学的支援体制もとられています。

明星大学（東京都）ではＳＴＡＲＴ（Survival skills Training for Adaptation. Relationship.Transition）プログラムというスキルトレーニング（大学適応、対人関係、就労準備の3領域）で、支援が行われています。

星槎大学（通信制）でも、要支援の大学生

を応援するために、学習指導委員会が設置されています。そして、学生支援ハンドブックを通じて各教員に理解を求めるほか、学生からの支援の要望を大学側が確認する「学習支援アンケート」の作成や、マンツーマン指導員による個別の援助、などが行われています。より充実した支援体制がとれるよう、大学全体で取り組んでいるところです。

期待される特別支援教育

私は、通常学級において特別支援教育を実践している全国の小・中学校を数多く訪問してきましたが、その取り組みによって、発達障害のある子だけでなく、学校の子どもたち全体の学びが豊かになり、学校がバージョンアップしていく様子を見てきました。

　これから、高校・大学も、発達障害のある学生に対してよりよい支援を工夫していくなかで、新しい教育力を得ることができるのではないか、と私は期待しているのです。

◆参考文献

・梅永雄二編著『TEACCHプログラムに学ぶ自閉症の人の社会参加』学研教育出版、２０１０

●阿部利彦（あべ　としひこ）

星槎大学共生科学部准教授。埼玉県特別支援教育推進委員会副委員長も務める。東京国際大学大学院社会学研究科修了。埼玉県所沢市教育委員会・学校教育課「健やか輝き支援室」支援委員、などを経て現職。各地で講演会・研修講師を担当し、子どもたちの応援団を育てている。

　著書『発達障がいを持つ子の「いいところ」応援計画』（ぶどう社）は韓国でも翻訳出版された。ほかに『クラスで気になる子の支援　ズバッと解決ファイル』（金子書房）、『発達が気になる子のサポート入門』（学研教育出版）など多数。

プロに聞く「就職の極意」

ある日の取材の帰り
おっヤングなスーツ集団
わらわら
LL商事
LL営業所
企業説明会でしょうか?
就職活動大変そうね
発達障害の人の就活は難しかったりするのかな～?
大学のその先も気になりますよね
ええ就活に関して全く分からないのでどんな状況なのか知りたいですね～

発達障害の方々の就職活動の相談にのっているコンサルタント会社があるんですよ!
へー
ではそこに行ってみましょうか!
こうして就職について取材することになりました
東京都千代田区にある「テスコ・プレミアムサーチ株式会社」あらゆる障害者の就職支援を行っています
お邪魔いたします
障害を持つ当事者やその保護者の相談に対応しています
こんにちは
こんにちは
おお!! この方が就活のエキスパート
この会社の代表取締役で『発達障害の人の就活ノート』の著者でもある**石井京子**さん

石井さんは企業の人事担当者や当事者向けセミナーの講師としても活躍中です
よろしくお願いします
発達障害の人に向いている仕事って何があるのでしょうか?
イキナリ
ずい ずい
その人の特徴によりますね
一般に電話のオペレーターのような仕事には向いていないことが多いです
そうなんですか
ええ複数の人との対応を求められる職業ですがそういうやりとりを苦手とする人は多いんです
在庫管理や正確性を求められる職業に向いている人もいます
パソコンを自作できたりPC操作が得意だったりする人はIT企業に応募したりしますよ
ただADHDの人は正確性を要する事務職は難しいかもしれません
上司
何度やっても
計算が合わない
ぎょぎょっ

うちの息子が ADHD なのですが
超せっかちで コツコツと ひとつのことを するのが苦手で 好きなことは 早口でよくしゃべり 明るい性格だけれど よくキレて ケアレスミスが多い
あれ…… いいところ 少なっ
典型的な タイプですね
どっ
そー なんです
事務系は 合わないの かなー?
内容によりますね ADHDの人で 貿易事務の仕事を している人が いますよ
現品限り
こちらの メーカーのは モーター音も 静かですよ
語学が得意な 人なんですが ミスがあっても 周りが フォローして くれる場合が あるそうです
外国語は まかせたわ
ADHDの人は 自分の好きなことを 教える能力は 高いんですよ
家電売り場の 接客などなら 知っている知識で 仕事ができます
確かに うちの息子も 社交的な面が あります
人と話すことが 好きな人は 接客など 得意なことに 特化して
苦手な仕事は カバーしてもらえる ような職場だと うまく働けると 思います
お中元
ぼくは 会計
君は接客

分かる人
2+2=
2+3=
2+4=
学校の先生などはどうでしょうか？
いえっ 学校の先生はどうでしょう…不安ですね
え… 向いてませんか？
一般に発達障害の人は複数のことを同時に行う「マルチタスク型」の仕事は苦手な人が多いです
先生〜〜 あのね〜〜
先生 分からない
生徒や親への対応を一人でやるのは難しいと思います
さんすう
先生できました
あわわわわわ…
ブーブー
保護者への対応も
教室の移動は心が落ち着かないですしね
う〜〜〜ん 確かに小学校の先生はスゴイ大変そう
F
A
D
B
でも塾の講師をしている人は多いですよ
得意な科目を生徒に教える仕事なら落ち着いてできそうですね
同じ「教える」仕事だと思っていましたが違うんですね！
よく調べたり人の話を聞いてみることって大事なんだ！

障害の特徴は人によって異なります
一人一人「特性」というのがあるのです
特性!?
はい
自分の特性に気づいていないと就職してもうまくいかず離職することになってしまったりするんです
なぜか自分は他の人と違ってうまくいかないな……
なんでなんだろう……
そう悩んで社会に出てからはじめて病院で診断を受ける人もいます
そうなんですか
例えば事務をしている人の場合
まにあった
やばっもう眠いし
午前中にお願い
急がなきゃ
でも正確に
特性の一つに「過集中」というものがあります
一つの作業に集中しすぎて疲れあとの作業でミスが出るのです

それ うちの子も あります 力の配分が下手です
5時間目まで もたない
でも自分の特性には 気づきにくい ですよね
親や周囲の 支援者が 少しずつ気づかせて あげるといいですね あるいは アルバイトで 実体験してみるとか
経理って 決算の時期は 残業が多いよ
特性を知ったうえで 職業選択は 慎重にしなければ なりません
それには 情報収集も 大切です
ふむ ふむ
おでんと
あと タバコも
わ〜〜 いろんな注文に 対応するのは 無理かも
気づきって いろいろな経験で 生まれるんです
レジや 接客は 苦手だけれど
在庫の管理や 棚の品出しは まかせてください
認めたくは ないけれど
自分には 何ができるのか 何が苦手なのかを知って 伝えることが 就職活動の 強みになります
私って おっちょこちょい
ただ 自分を過大評価 する人もいるので 要注意です

ハローワーク
顕著なのが求人での応募です
この事務を受けようと思います
パソコンは使えますか？
はい 自信あります ゲームやネットは毎日しています
募集要項にはワードとエクセルって表記がありますが…
募集要項
①一般事務
③会計事務
給与
見落としていたのかな？
エ〜〜ッ!!
企業が求めているものの見落としや勘違いをしていることもあります
そういうギャップを埋めるのが私たちコンサルタントの仕事です
石井さんはいわゆる「障害者手帳」を持っている人にのみ企業を紹介しています
ですが相談だけであれば手帳を持たない方にも対応するとのこと

別の会社で障害者雇用のサポートをしていた石井さん
障害者手帳を持っている人だけが支援の対象でした
無理なく働ける業界や職種についてアドバイスしていたのですが
今の制度では手帳を取得できない人がいることに気づき
障害者手帳を持っていない人の相談にものれたらな…
――と感じていたのだそうです
ちょうどその頃
こんにちは
アスペルガー症候群のAさんとの出会いがありました

彼女はとても真面目な人で なんとかしてあげたかったんです
何回かの相談を経て
Aさんは仕事を見つけることができました
内定
彼女は就職の準備がきちんとできていたのです
準備!? ——というと
就職の準備
・働きたいという意欲がある
・自分の特性を把握している
［できることが分かっている 苦手なことを伝えられる］
・最低限の社会スキルの獲得
今までにお話しした特性を知ること そして 働きたい! という 強い意欲です
Aさんにはそれがあったのです
働くための準備ができてはじめて私たちがサポートできるのです

社会スキルとは
なんですか?
学校の成績がよくても
社会性がなければ
就職しても
うまく
適応できません
社会生活を
おくるためには
最低限のことが
自分でできる
必要があります
わたくし
××社の
△△と申します
基本的な
挨拶が
できることや
物やお金の管理や
時間を守ること
遅刻連発
散髪していない
身だしなみに
気を配ること
などです
すいません
仕事のことで
相談があるのですが
何かね?
その他
職場での報告・
連絡・相談も
できる必要が
あります
社会スキルを
身につける
いい方法って
ありますか?
どれがいいですか
300円
手作りクッキー
先ほどお話し
したように
アルバイトをしたり
地域のイベントや
教会のバザーなどに
参加して
接客を体験すると
いいかもしれません

そこに理解者がいれば
失敗も大目に見てもらいやすいでしょう
ドンマイ
ドンマイ
コーヒー
理解者がいてフォローのあるところで学ぶ
就職活動のコツなどはあるのでしょうか？
面接の時に気をつけたいことがあります
面接の最後に採用担当者が必ず
なにか質問はありますか？
——と聞くのですが
①緊張してだまってしまうことや
……
ガチン

ベラ
ベラ
ベラ
②関係のない質問をしてしまうのはＮＧ
実はここで
今は特にありません
——と答えて問題はないのです
そうなんですか
そして
御社でいろいろ勉強したいです
——というより
自分のできることで頑張りたい!!
御社に貢献したい
——という気持ちを伝えることが大切だと思います
障害者手帳を持ち障害者雇用枠で就労すると配慮が得やすくなります
でもな…
どうしよう
手帳を取得するかどうかを悩む方もいらっしゃいますが

取得によって就職活動中も必要な支援が受けやすくなるのは確かです
ホッ
支援
特例子会社など職場の選択肢も増えます
特例子会社は障害がある方を受け入れている企業ですが
なかには発達障害に理解がある企業もあるんです
へー特例子会社！見てみたいな～
発達障害者支援センター
研修実習支援もある
ハローワーク専門援助窓口
石井さんの会社のような就職支援会社
特例子会社
地域障害者職業センター
就労移行支援事業所
手帳があることで自分にふさわしいサポートを受けることもできるんです
働いて生活していくのは一生涯のことです
就職に有利なサポートが自分に必要かどうかを考えてみるのもいいかもしれません
そうですね
ありがとうございます

手帳を持つことへの複雑な思いがあったけど
働いて自立していくためにはそういう選択もありなのだとプラスに考えていけそうです
自分の特性を受け入れるって簡単じゃないけど逃げずに向き合うって大切なんだ…
自分のいいところも悪いところもひっくるめて自分なんだって
いろいろ苦手なぼくだけど
特性を受け止めて就職活動をしている人達がいる
発達障害のある人達が社会性を身につけられる支援の場ってないのかなあ？
ちょっと探してみよう！

就労支援の現場から

実際に働き お給料をもらいながら 同時に就労訓練が できる――
リサーチしてみたところ そんな場所があるとわかり 見学に行くことにしました
神奈川県 横浜市★
どんなことをしているところなんでしょう？
それは駅から徒歩5分のとあるマンションの中にありました
地域活動支援センターの「オフィスウイング」とても大胆で実践的な就労支援をしています
WING
オフィスウイング
マンションの2階に仕事場 3階に面談室があります
にこにこ
はじめまして

★事務所移転（151ページ参照）

3階の面談室で
代表の佐藤賢治さん社会福祉士でもあります
よろしくお願いします
私は ここでは所長と呼ばれています
この施設ではどんな就労訓練を行っているんですか?
パソコンを使った仕事を中心に作業をしてもらっています
メインは音声データのテープ起こしです データ入力や発送業務も行っています
講演会やインタビューなどの音声を原稿にします
カタカタカタカタっと もうみんなスゴイですよ
へー
利用者は何人ですか?
オフィスの支援スタッフ3名と発達障害の利用者が16名です 平均年齢は26~27歳ですが40代の人もいます
おお! 私と同じ世代の方もいらっしゃる

支援を始めたのは平成17年11月ですアスペルガー症候群や高機能自閉症の方を受け入れています
サポートがあればうまく仕事ができる人たちです
皆さん知能や言語に遅れはないけど
コミュニケーションや対人関係をうまく結べないという特徴をお持ちです
でもそういう人たちを支援する場がこれまでありませんでした
発達障害のなかでもそんな人たちの特性を活かせる自立支援の場を作ろうと思って始めました
働きたい!

正確性の高い作業を得意とする人が多いんですね
ええ仕事はお客様から好評です
利用者はどのように受け入れていますか?
高校
オフィスウイング
区役所
発達障害者支援センター
発達障害者支援センターのほか区役所や高校からの紹介などいろいろです
かながわけん
よこはまし
利用したいという声が多いんじゃないですか?
横浜市の補助金で運営しているので原則横浜市民のみを受け入れてます
受注はどのようにしているんですか?
営業は一切やってないんです
え──?
うちのホームページからお客様にご注文をいただいています
設立した最初の年の売り上げは90万円でした

その年は利用者のみんなに月2千円ほどしかお給料を出せなかったんです
辞めさせてくれ〜〜
くぅぅ〜〜
2000円……辞めたい……
——とこんな声もありました
その後コンサルタントに相談をしまして仕事を効率化し
2年目は売り上げが13倍くらいになりました
おお!!
皆さんに10万円くらい特別支給ができました!!
よかったですね! 働いている方のモチベーションも上がりますね
ただ…
ただ?
就職を目指していたけれど
できればここで働き続けたい
——という利用者が出てきて考えてしまいました
!!

ここで働き続けることが本当にいいことなのかな?
考える人
ボーナス
お給料
福利厚生
民間企業に勤めたほうが福利厚生やボーナスなどメリットは大きいんです
ここを卒業して自立してもらうのが狙いですもんね
とにかく売り上げを伸ばしたい!
——という声もありました
皆さん仕事する気満々じゃないですか!
でも仕事の受注はあくまでも就労訓練のためなんです
会社の利益が自分たちのお給料に直結するとリアルに学べますね!
会社という木
仕事の時間はどうなっていますか?
9時から5時までです

お昼休みは1時間で7時間勤務です
普通の会社みたい
はい そうですね 将来就職した時のために
できるだけ普通の会社に近い勤務にしています
ですから福祉施設でよくあるレクリエーションというものはありません
あ～うちのレクは大掃除かな
どっ
体を動かすって意味ですね
そして12月は仕事納めの日に忘年会をやります
飲み会の場でのたしなみやルールを知ってもらうためです
カンパイ!
主賓の挨拶で乾杯するまでは飲まないようにします!
・めんたいポテ
・オクラ
・冷しトマト
唐あげ
生ビール
自己負担なしでも嫌がる人はいるんですけど業務命令で出てもらっています
そうなのか!
飲み会も社会性の勉強なんですね!

そういった社会のルールを学んでもらおうと思ったきっかけはある企業を訪問した時にいわれた一言でした
天才ではなくて普通に挨拶ができてルールを守れる人が欲しいんです
こういわれたのが衝撃でした
皆さん一人一人本当に能力のある人たちなので社会で必要なマナーを身につけて就職してほしいんです
お先に失礼します
うんお疲れ様
周りに合わせたおつき合いはある程度必要ですものね
仕事中の会話は基本 敬語だけどオフになったらタメ口で話していいかというとそうではないよ
とか
業務命令や上司命令に従うことは大切だよね
など一つ一つ伝えています
今年もやります
カンパーイ!
ああ……ああいう感じね
そうやって少しずつ慣れてもらうんです

業務の指示はどう出しているんですか？
注意事項や挨拶の仕方まで書面で伝えているんです
わー「オフィスでのマナー」もある分かりやすくていいですね！
××さん スケジュール
時間
予定
やること
8:45
出勤.身支度
手洗い.うがいをする@給湯室
パソコンを立ち上げる
タイムカードを切る
9:00
仕事開始
AAタイマーを10時30分にセット
スタッフに仕事の進捗状況を連絡する
連絡内容
1. 仕事の進捗状況を伝える
2. ××さんが困っていることを聞きます
3. 追加の指示があれば伝えます
10:30
(ソファに移動してスタッフと話します)
小休憩
小休憩
1. 水分補給をします
2. トイレに行きます(行きたい場合)
AAタイマーを11時50分にセット
10:40
仕事
パソコンのシャットダウンをする
日報記入
日報の記入内容を読み上げスタッフに渡す
食事
水分補給
一日のスケジュール表も渡しています 細かな変更などはそのつどメモしてもらっています
見通しがついて安心できますね！
口頭だけでは忘れたり理解できなかったりしますよね
ここはこの手順でここで報告して
ハイ ここまでの作業後に一度報告ですね
その人に合った伝え方をすれば混乱せず理解してくれますよ
給湯室やトイレの掃除の段どりもあって親切
これはうちでも使える
給湯室の掃除
こちらを出て就職された方はどのくらいいるのですか？
9名です
そのうち障害者枠で就職した人が5名です
手帳あり

ただ残念なことに一般枠で就職した方々は今は全員離職されています
特例子会社
民間企業
離職!?
アルバイトや派遣など雇用形態が不安定なため
本人の希望に合わなかったりリストラにあったりしたんです
一般枠での採用なので支援もできませんでした
でも障害者枠を使ってパートで会社に入った1名が正社員にステップアップしたり
おお!!
社員
障害者枠で就職した人が今も続けて働いているといううれしいこともあります!
ホントうれしい話ですね
ここでの経験が役立っているんでしょうね

佐藤さん 職場を拝見してもいいですか？
いいですよ！
どうぞ こちらへ オフィスにご案内します
オフィスの看板には「福祉」や「支援所」などの言葉は一切ありません
普通の会社と同じ雰囲気作りをするためです
WING
オフィスウイング
2階の仕事場
皆さん真剣な顔でパソコンに向かっている
こんにちは 失礼します
こんにちは
こんにちはー
いらっしゃいませ
こんにちは
私の挨拶の声が小さくて負けた気がする
カタカタカタカタ
タカタカタカタカ
うわーホント速い！

ヘッドホンをつけて周囲の雑音を遮断しています
カタカタカ
カタカ
カタ
作業中に人の視線や隣のパソコン画面が気になる人には仕切られたスペースも用意されています
うん…これだと落ち着くよね
お客様とのやり取りは全てパソコンと電話で行います
会って商談をすることはないんです
ボードに貼った受注書で納期などの詳しい仕事内容はすぐ確認できます
書面で確認できると自分のペースで段取りを把握できるので安心につながりますね
では次はこのテープ起こしを
はい
たくさんありますね
注文は全国から来るんです
支援者

お客様の情報はサーバーに保管しています
情報漏れがないように管理は徹底しています
皆さん黙々と仕事をしていますね
静かだから集中できるのでしょうね
お給料は皆さん一律なんですか？
いやらしくつっこんですんまへん
やっぱり
そこ気になりますか？
でへへへ知りたがり
「仕事の評価表」というのがあってそれを基に決めています
仕事面と生活面の両方の評価の加点式なんです
仕事面
生活面
例えば何点以上はいくらの時給のような
皆さんに評価表を見てもらい納得したうえでサインをしてもらいお給料を支払っています
生活態度も重要なんですね！

例えば睡眠不足で仕事に集中できなかったり居眠りをする人がいました
夜更かしする人で生活の乱れが体調にも影響するのか トイレの回数も多く仕事に支障が出ていました
仕事中1時間に2~3回トイレに行く
WC
そこで毎日睡眠時間を記録してもらいよく話し合って改善をうながしました
週末に寝不足だったからかも
コミュニケーションが苦手でも目で見て分かるようにすれば自覚してもらえます
健康管理が自主的にできることも働くために大切なんです
薬の飲み忘れがないかなども記入してもらって改善しています
わー細かい ☆印は薬を飲んだマークですね
自分のコンディションの理解や生活の乱れを修正する目安になりますね

××さん日報
午前の仕事
年 月 日
仕事の種類
仕事内容
テープ起こし
データ入力
その他
午後の仕事
仕事の種類
テープ起こし
データ入力
その他
作業中に困ったことがあったら書いてください
作業で学んだこと、感想
日報も毎日記入してもらっています
ここ同じミスが3回目だね
対策をいっしょに考えよう
あっ
自分で目標も記し後で 達成具合を確認してもらいます
そうやって丁寧に問題を解決しているんですね
規則正しい生活や自分の行動を見直し経験を次に活かしていくことが就職への第一歩
皆さんには生活面の努力もしていってほしいと思っています
「働く」って実務をこなすだけでなく
社会性やよい生活習慣が必要なんですね
オフィスウイングの取り組みは参考になることがいっぱいでした

東京
丸の内
やってきました
オフィス街

特例子会社って何だろう？

このビルの中に
あるのが
特例子会社の
「東京海上ビジネス
サポート株式会社」
です
職場に
お邪魔
しました！
東京海上ビジネスサポート(株)
保険業界
大手の
東京海上
グループの
特例子会社です

取締役の吉田一久さんが社内を案内してくださいます
当社では グループ会社からの依頼で書類の発送やデータ入力などをしています

また文書のシュレッダー業務もしています
効率よくリサイクルできる湿式シュレッダーを導入して社内文書を再資源化しているんです

特例子会社とは——
障害者雇用をすすめるために企業が作る子会社のことです
厚生労働省の認定のもと設立され★全国に３４９社あります
そうなのか！

★2012年5月末日現在。

組織を別にすると障害者向けに職場環境を整えやすいなど様々なメリットがあるため子会社として設けられます
うちの会社は企業グループとしてさらに障害者雇用をすすめるために設立され
２０１０年に認定を受けて特例子会社となりました
東京本社の他名古屋・大阪などに支社があり
東京
名古屋
大阪
福岡
全社員★２３６名のうち発達障害の人は82名★だそうです
★２０１２年７月１日現在。
広いオフィスですね
ここでは文書の電子化やデータ入力の仕事をしています

社員の方にお話を聞いてみました
こんにちはー
ADHDがある20代後半の桜井さん（仮名）
ぼくは発送の仕事をしています
宛名をラベルに印刷して封筒やハガキに貼る機械操作担当です
印刷機
一日に大量の枚数を発送します
大量ってどのくらいでしょう？
その日によって違いますが何千枚も行う時もあります
ひーそんなに…さすが大きい企業だわ
急ぎの発送の時は少々あわててしまいます

ここに就職したきっかけは何ですか?
職業訓練センターに通っていてそこで紹介されました
専門学校を卒業した後
最初は飲食店に勤めていたんです
ぼくは調理担当だったのですが忙しすぎて休みもとれませんでした
職場の先輩や上司に人間関係のことでいろいろいわれたりもして…
なんでも否定された
辞めたいとずっと思っていました
でも3年4ヵ月勤めました
ツライのに3年働いたのはスゴイわ
障害者手帳は2年目に取りました
手帳を取る時抵抗感みたいなものはありませんでしたか?

実は 最初は周りからバカにされるんじゃないかと思ってました…
あのさー
ある日 友達に 手帳のことを 告げたら
ん？
え… そうなの!?
来週またライブ観に行こうぜ
OK
何か分かってもらえたみたいです
うまくいかなくて「一人でいたい」って思っていた時期もあったけど
今では丸の内で働く障害者の交流会にも参加したりして新しい友達もできました

ここでは周りの人が障害を分かってくれるので助かっています
前のように仕事を辞めたいとは思わないし
昔の知り合いに今の自分を見てもらいたい…
そんな気持ちです
こう話す桜井さん
仕事もプライベートも充実しているようでした
他にもこんな社員さんがいます
こんにちは
彼女は廃棄する文書の回収をしてくれています
わー 若いし かわいい〜♡
回収の他シュレッダーにかける冊子をバラしたり書類のホチキスを外したり紙の仕分けをしたりしています

高校を卒業後地元の職業センターで3ヵ月間実習を受けて入社したADHDのある町田さん(仮名)
仕事はどうですかやりやすいですか？
えーと
××階の××に書類回収に来てくれる
ビルの中が広くて迷っちゃうこともあるんですけど
あっちだよ
ここでは周りの人が助けてくれます
通勤は大変だけど指導員がやさしいのでここに就職してよかったです
ホッ
穏やかなオフィス環境だから困った時は気軽に相談しやすいのかな
指導員は何人くらいいるんですか？
5人の社員に1人の指導員がついています
5人に1人か――
サポートが行きとどきそうだなー
通勤は皆さんスーツですか？
ええ
丸の内にスーツで通勤していることに誇りを持っている人もいますね

「ビジネスサポート」という社名も社員に気に入られています
いつもは支援される側ですが仕事で他の人をサポートできることが励みになるんですね
社名にそういう意味があるのか！
特例子会社は障害者の囲い込みではないかという意見もありますが…
そんな意見もありますね
ヒュー
――…
でも障害がある人たちは指導員と一緒にまとまって仕事をしたほうが働きやすいと考えています
はい…
いつでも気兼ねなく仕事の相談ができる上司が側にいてくれたほうが安心できると思います
発達障害の子を持つ親の気持ちでしか分からないけど そう思う

働きやすいように工夫していることはありますか？
書類を種類分けするために箱を色分けしたり番号を付けたりしています
青
白
黄
赤
半分にカットする
A4
混乱なく分類できると好評です
これはここ！
「簡単」で「大きく」「目立つ」ですね
他に周囲の音が気になって集中できないというADHDの人や自閉症の人に
ヘッドホンを使ってもらうこともあります
どうかな？
そうしたら
テキパキ
仕事に集中できるようになりました

会社設立時には他の特例子会社を何社も見学したそうです
A社
B社
C社
D社
E社
F社
もっと積極的に障害者雇用に取り組んでいる企業もたくさんありますよ
発達障害のことは専門書などで学んだんですか?
それもありますが
いつも皆と接していると自然と分かってくるんです
一人一人違うということも
採用はどのように?
東京本社では就労支援センターの紹介がメインでしたが
最近は特別支援学校からのアプローチも増えてきています

採用の前に
まず実習を
2週間ほど
受けてもらいます
実習生
その後
その人向きの
仕事があれば
採用となります
軽作業ができる人
パソコンができる人
一般的な
書類選考と
面接での採用では
ないのですね
はい
いろんな
学校から
紹介されます
今年も
実習を
させてください
うちも
お願いします
熱心な先生が
たくさん
いらっしゃいます
は……はい
うんうん
たしかに
熱くなるのも
分かる気がする
こんなに
働きやすい会社に
就職してくれたら
いいな……って
先生だけじゃなく
親も思うかも！

以前は通勤ができてちゃんと働ければ採用していたのですが
お仕事お仕事
最近は希望者が激増しているので
どうしても選考させていただかざるを得なくなっています
就職する前に準備したほうがいいスキルはありますか？
必須ツール
「パソコン」ですね
ワードとエクセルで入力が少しできるぐらいでいいのです
やっぱりパソコンかー
そして何より
今月も頑張りました
ほらこんなに
ではこちらをどうぞ
労働
給与
働くというしっかりとした気持ちを持ってほしいです

働くという意味が分からずなんとなく会社に来るのではなくて
働いて税金をちゃんと納める人を目指してほしいです
取材が終わって
環境が整った働きやすそうなオフィスでしたね
人の動きも穏やかだった
税金を納める人か…
働くってことは日本を支える社会人になるってことなんだよね
ああいう会社が増えるといいな

column

うまく就職・就労するために

石井京子　テスコ・プレミアムサーチ株式会社　代表取締役

発達障害がある人の就職

　この数年、教育の現場や福祉の世界では発達障害に対する理解が急激に進んできました。しかし、企業では発達障害への理解がまだ進んでいるとはいえません。障害者雇用にしても身体の障害をもつ人が中心です。

　ただ、最近になり、ようやく少しずつですが発達障害の特性を開示して就職活動を進める人たちが出てきて、特性を理解されて採用されるケースが増えてきています。

●厳しい社会事情が影響して

　一方で、社会事情の影響で障害の有無にかかわらず、昨今の新卒の就職活動は大変厳しくなっています。採用する側の企業も、コミュニケーション能力や即戦力などの資質を重視するので、発達障害の人の就職は今まで以上に難しくなっているのが現状です。

　学校時代には受けられていた支援も社会ではなかなか望めません。社会人になると、職場での問題はすべて自分で解決していくことが必要です。就職へのハードルは、大学入学のときよりも高いといえるでしょう。

●障害者手帳の取得も選択肢の一つ

　一般就労枠で即戦力を期待されてなんとかやっていけるだけの能力と自信があればよいですが、なんらかの配慮がほしいならば、障害者手帳を取得するのも選択肢の一つです。

　身体、知的、精神の三種類の障害に対して障害者手帳があります。発達障害のある人のなかには、知的障害の認定を受け★「療育手帳」を取得している人と、精神障害の認定を受け「精神障害者保健福祉手帳」を取得している人がいます。

　手帳を取得すると、障害者雇用促進法に基づく「障害者雇用率制度」の対象となり、

★自治体によって「愛の手帳」「みどりの手帳」など、名称が異なる場合があります。

・各企業における雇用障害者数の算定対象になることができる。
・ハローワークなどの障害者雇用枠の求人に応募することができる。
・各就労支援サービスが利用できる。
などのメリットがあります。

就職先はどう選ぶ?

一人一人のタイプが異なりますので、一つの答えはありません。療育手帳をもつ方は、特別支援学校や就労支援機関での実習や訓練を経て、製造のライン業務や店舗などでの軽作業、あるいはオフィスでのデータ入力などの簡単な業務に就く場合が多いと思います。

一般的に、学校を卒業したばかりでは社会人として未熟ですので、就職の前に一定期間のビジネスマナーの習得も含めた職業訓練が必要だと思います。自分の能力を最大限に伸ばすのはもちろんですが、十分に時間をかけて就職活動の準備をする必要があります。

障害者雇用枠の採用でも職場で必要なコミュニケーションは求められます。また障害者雇用枠の面接では仕事への意欲に加えて、自分の特性、職場でほしい配慮をどのように伝えられるかということも重要です。

●情報を集め、選択肢を広げる

大企業の新卒採用では特別支援学校からの採用は別として、障害者雇用枠といえども健常者と同じように戦力となる人材が期待されています。大企業の名前に釣られて、大企業だけを受け続け、失敗することがないように、しっかり情報を収集して、受け入れてくれる会社を探すことが大切です。

就職にあたっては、自分の特性に合う仕事に就くことが大事ですが、一つの仕事にこだわりすぎると選択肢を狭めすぎてしまうことになります。複数から比較的自分に合う仕事を選ぶことが必要でしょう。

そして、仕事の定着のためには、企業側の理解と配慮も欠かせません。そういう意味で特性への配慮を得やすいのが、本書にも出てくる「東京海上ビジネスサポート株式会社」のような特例子会社です。

また、可能性を広げる意味で職業訓練を受けるという選択もあります。障害者職業能力開発校における「発達障害者職業訓練」や、居住する地域の「就労移行支援事業所」などで就職に向けた準備を行うことができます。

●一般企業での対応

一般企業の対応は残念ながら十分とはいえませんが、理解は少しずつ進んでいます。まだ試行段階なので具体的な名称はあげられませんが、積極的に発達障害の人を採用する企業も現れてきています。

とはいっても、特例子会社ほどの体制は整っていませんので、採用基準は一般就労等の経験があり、仕事で必要なコミュニケーションがとれる人というレベルが求められているようです。

長く就労するために

支援を受けることで多くの発達障害の方々が就職活動を進めやすくなりました。それと同じように、就労してからも支援が受けられると安心して働くことができます。

仕事上でのささいなつまずきや、コミュニケーションの行き違いから問題が大きくならないうちに、支援者に相談することで、自分では対応できない悩みや問題を解決することができるでしょう。

職場に相談できる人がいればよいのですが、会社の人には話しにくい内容があるかもしれません。就労の前に公的機関や就労支援機関の支援者を見つけて、入社後の支援をお願いしておくとよいと思います。最近は特例子会社だけでなく、支援者を見つけておくことを推奨している一般の企業もあります。

体調管理はもちろんですが、一人で悩まないこと、誰かに相談すること、週末は趣味などの時間をもち、気分をリフレッシュすること、心身ともに安定したバランスの良い生活を送ることが長期の就労につながるのではないかと思います。

特例子会社一例
（2012年5月末日現在）

◆注：厚生労働省が作成したリストから無作為に抜粋しました。（雇用実績などを考慮した表ではありません）

＊［ ］内は親会社名

北海道	㈱ほくでんアソシエ［北海道電力㈱］
宮城	楽天ソシオビジネス㈱［楽天㈱］
栃木	ソニー希望㈱［ソニー㈱］
埼玉	㈱エム・エル・エス［㈱松屋フーズ］
	㈱マルイキットセンター［㈱丸井グループ］
千葉	ちばぎんハートフル㈱［㈱千葉銀行］
	㈱舞浜コーポレーション［㈱オリエンタルランド］
東京	三井物産ビジネスパートナーズ㈱［三井物産㈱］
	㈱ JTB データサービス［㈱ジェイティービー］
	大東コーポレートサービス㈱［大東建託㈱］
	花椿ファクトリー㈱［㈱資生堂］
	㈱ WU サービス［学校法人早稲田大学］
	㈱ KDDI チャレンジド［KDDI ㈱］
	丸紅オフィスサポート㈱［丸紅㈱］
神奈川	伊藤忠ユニダス㈱［伊藤忠商事㈱］
	㈱ウェルハーツ小田急［小田急電鉄㈱］
	相鉄ウイッシュ㈱［相鉄ホールディングス㈱］
	ビーアシスト㈱［ブックオフコーポレーション㈱］
静岡	㈱ヤマハアイワークス［ヤマハ㈱］
京都	オムロン京都太陽㈱［オムロン㈱］
	㈱u＆n［㈱ニッセンホールディングス］
大阪	シャープ特選工業㈱［シャープ㈱］
	SMBCグリーンサービス㈱［㈱三井住友銀行］
	㈱かんでんエルハート［関西電力㈱］
	㈱エルアイ武田［武田薬品工業㈱］
	㈱三幸舎ランドリーセンター［㈱吉野家］
	コクヨkハート㈱［コクヨ㈱］
兵庫	阪神友愛食品㈱［生活協同組合コープこうべ］
	YKK六甲㈱［YKK㈱］
	㈱ＪＲ西日本あいウィル［西日本旅客鉄道㈱］
宮崎	㈱旭化成アビリティ［旭化成㈱］

＊全349社。リストは同省のホームページで公開されています。各都道府県ごとの数は下記の通り。
北海道（5社） 宮城（5社） 秋田（1社） 山形（1社） 福島（2社） 茨城（3社） 栃木（2社） 群馬（2社） 埼玉（19社） 千葉（11社） 東京（111社） 神奈川（43社） 新潟（2社） 富山（2社） 石川（1社） 山梨（1社） 長野（3社） 岐阜（3社） 静岡（7社） 愛知（13社） 三重（1社） 滋賀（4社） 京都（3社） 大阪（33社） 兵庫（14社） 奈良（1社） 和歌山（1社） 鳥取（3社） 島根（1社） 岡山（4社） 広島（8社） 山口（1社） 徳島（1社） 香川（3社） 愛媛（3社） 高知（1社） 福岡（12社） 佐賀（2社） 長崎（1社） 熊本（3社） 大分（10社） 宮崎（1社） 鹿児島（1社）

●石井京子（いしい　きょうこ）

テスコ・プレミアムサーチ株式会社 代表取締役。上智大学外国語学部英語学科卒。ＫＤＤＩ株式会社、人材サービス会社を経て、08年にテスコ・プレミアムサーチ株式会社設立。企業へ障害者雇用に関するコンサルティングサービスを提供するほか、難病や障がいをもつ方々の就労支援に対応し、発達障害がある方の就労支援に関する原稿執筆やセミナー・講演の講師を務める。

著書は『発達障害の人のビジネススキル講座』『発達障害の人が働くためのQ＆A』（共著）、『発達障害の人の就活ノート』（いずれも弘文堂）。

ＡＤＨＤの人の仕事体験

私 ホント いろいろやりましたよ
衣料品の販売からスーパーの店員や農業まで
はじめて働いたのは魚屋でした
明るくハキハキと話すこの女性は中村まこさん（仮名）
講談社会議室
27歳の時から「自分はＡＤＨＤだ」という自覚があったそうです
カタ
カタ
現在は診断を受けて障害者枠の一般事務で働いています

私 16歳で 社会に 出ました
おおっ 若いっ
今回は いろいろな職業を 経験してきた 中村さんのお話です
早くから 働きはじめたわけは 親とうまくいかなかった からです
高校1年の頃 親からは
お前は 何もできない んだな
もう 出ていって ほしい
――といわれ続け
ある日
高校を中退して 家をとび出し ました
住み込みで働ける 和食屋が 見つかったんです
いらっしゃい ませー
私はもう 自由だ

中村さん 次コレお願い
はい
和風レストラン はいから屋
しかし…
洗い場ではお皿をよく割り
料理の盛りつけはできず
やっぱりやらなくていいよ
ぐたっ
えーと どっちだったっけ
そして どのテーブルに運ぶのか分からなくなってしまう
テーブルが分からなくなるのは どうやら発達障害の症状のためらしいと後で知りました
自分の位置が把握できない（空間認知障害）
運ぶテーブルを覚えられない（短期記憶障害）
見た目は迷っているだけ
障害のため混乱

辞めよう…
私 調理場も
ウエイトレスも
向いてない…
―と分かりました
そこで実家に戻り
転職して縫製工場で
働きましたが
ダダ
延々
ミシン作業…
ダダダ
人としゃべれない
仕事って
ツライなぁ…
私は人と
話せる仕事が
したい！
結局
いらっしゃい
ませ―
ファッション横町
カシマ
SALE
では
サイズを
お測りします
パートで
衣料品店の
販売員に
なりました

いろんな人と話せて
接客業はなかなか
おもしろい仕事でした
そこでは
長く勤め
お金をためて
アパートで一人暮らしを
開始
私の城
中村さん
売り上げ
出してるね
一番頑張って
るんじゃない?
そうですか?
正社員に
ならない?
でも正社員は
高卒以上でないと
なれないんじゃ…
中村さんなら
大丈夫!
正社員に
してあげる
わー
ありがとう
ございます
高校中退でも
正社員に昇格できて
うれしかったのですが…

同じ職場の人たちにねたまれて
働きづらくなり
職を替えることになりました
そして27歳の時スーパーに就職
レジでお金の過不足をたびたび出してしまい自信をなくしていた時
店長
あらまた
すいません不足分支払います
私の人生のテーマ「気づき」に出合いました
こっちもレジの教え方にも問題があったと思うし
不足分は私と半分ずつ払いましょう
毎回それでは迷惑になるので私…辞めます
え…辞められたら困るよ

レジの打ち間違い
どこが原因か
見てあげるから
お願い
辞めないで
は…
はい
ピッ
ピッ
ピッ
うん
中村さんは
一つ一つの手順は
すごく丁寧に
やっている
ホッ
——でも
レジを打つ手が
速すぎて
うっかり隣の
キーを押したり
してるから
これからは
今より
3割増しに
ゆっくり打つように
してみて
え…
3割増し?
そんなにゆっくり
だと
何を打っていたか
忘れちゃう
あれ
今どこまで
打ったっけ?
そんなことで
私のミスが
なくなるわけ
ないじゃん
——と思って
いたのですが

眠くなるぐらい
ゆっくりやってみた
ピッ
ピッ
その日から
中村さん
過不足ゼロだね
間違えなくなった
じゃない
え!
アレで……
私…
大丈夫だ
具体的な
アドバイスがあれば
できるんだ!
やれるじゃーん
自信
商品の期限切れを
チェックする仕事でも
気づきがありました
消費期限の
近いものに
値下げシールを
貼る作業
プラ
原材料名/大豆(国産)、凝固
剤(海水塩化マグネシウム)内容
量/180g/保存/1℃~10℃
使用上の注意/開封後はお
早めにお召し上り下さい/製造者
HYフーズ株式会社
www.HYOTOKO.co.jpxx
ひょっとこ
フーズ
……
消費期限が
近い食品を
よりわけて特売の棚に
移す仕事なのですが
私はこの作業が大の苦手

どの文字も
同じに見えてしまって
必要な表示を探して
理解するのに
めちゃくちゃ時間が
かかるんです
見た目はもたついているだけ
障害のため混乱
え～と
期限は…
え～と
今日って何日
だったっけ
ああ そうだ
8月11日だった
すぐ忘れちゃう
ぼーっ
書類
このような作業は
集中ができず
ミスもあり
時間がかかって
いました
うーん
どうしたら
ミスしないで
できるだろう?
もしかしたら
目立つように
すればいいかも!
キュッ
キュッ

これでよし
分からなくなったらメモを見る
必要な情報を大きく表示してみました
本日 8月11日
毎日 見落としがあったのに中村さん最近はゼロだね
作業時間も短くなった
!
これも「気づき」の一つです
他にも
ミス防止のために声に出して読み上げてみよう
音読する方法も見落としをなくすために役立ちました
ブツ ブツブツ
ブツブツ
私でも工夫次第でなんとかなるんだ

そして働きながら県立高校の通信制課程で学び直し高校を卒業しました
――がスーパーの仕事も障害のため行き詰まり退社
現代文
化学Ⅰ
農業はどうだろう？前からやってみたかったんだよね
思い切って職種を大きく替え農家で働いてみたのですが…
あっ
大切に育てたトマトが
またやった！
野菜をすぐに落とす
枯れた葉をバランスよく切り落とす作業ができない
袋詰めがうまくできない
もたもた
不器用なため失敗続き

実はそれは「協調運動障害」という発達障害の症状だったのですが

それが分かったのはもっと後のことでした

向いていないので農業も辞めましたが

「見てもらう」という方法が ここでも役立ちました
グラ
グラ
私は一輪車の操作でコンテナを積んで運ぶのがとても苦手でした
あっ
グラ
じ〜〜〜
他の人と私の操作の違いってどこなんだろう?
分からない
すぃすぃ
農家のおじょうさん
あの〜 私のどこがいけないのか一輪車の操作を見てもらっていいですか?
うん いいよ

グラ
ぼとっ
……!
中村さん腰が曲がっているからバランスを崩すんだよ
曲げずにやってみて
そうなんだ!
お!ホントだグラグラしなくなった
誰かに見てもらいアドバイスをもらうと対処しやすくなります
聞くは一時の恥聞かぬは末代の恥!
こんなふうにして私は自分の苦手なところを手探りで補ってきたんです
「不器用」とか「忘れっぽい」はADHDの特性なんです
支援を受けるには証拠が必要なので33歳の時に診断を受けました
その後障害者手帳を取得して就労訓練所にも通いました

今の会社ではパソコンのタイプミスが多いので
年下の同僚に協力してもらい改善するようにしています
ねぇ私のどこが悪いのかじっくり見て発見してくれる？
いいですよ
目線
手元
体の構え
目線や姿勢などポイントをしぼって観察してもらうんです
支援者が支援しやすいようにしているんですね
やれるところまでやってみようっていう研究熱心さがすごい！
未来を変えるにはまず「行動」だと思っています

発達障害のない人と比べて能力の差で落ち込むことはありますけど
要は長所と短所の差が激しいだけって思っています
中村さんの今後の目標は何ですか?
会社の利益に貢献できるような社員になりたいですね
それと人と関わるのが好きだから習い事もどんどんやりたいです
今日はこれから習い事に行ってきます
伺った職業体験は興味深いことが多かった
描ききれないのが残念
一人で人生を切り開いてきた中村さんは輝いている人でした

★イイトコサガシから始まるコミュニケーションの促進役

都内を中心に頻繁にワークショップを行っているそうですね
はい 日本全国で月に20回くらい
わー
20回も!
どんなワークショップなんですか?
発達障害がある人は**人づき合い**とか**会話**に苦手意識や劣等感を持っている人が多いのでコミュニケーションに特化してやっています
ファシリテーター
臨床心理士や社会福祉士
ボランティア
うちは臨床心理士やボランティアなど一般の人も巻きこんで当事者が運営している会なんですよ
参加者は声をかけて増やしていきました
一般の人も一緒に活動しているのがいいですね
参加者の反応はいかがですか?

あれ！自分意外と話せるじゃん
——ということに気がついた人は香楠さんのようにファシリテーターに挑戦してくれたり
ぼくも行きます
ホント！
各地で行われる交流ワークショップに協力してくれるようになったり——と変わっていく人もいます
会を立ち上げたきっかけは何ですか？
ぼくは広告代理店で企画の仕事についたのですが…
半年でクビ理由は能力不足です
You're fired!
その後も仕事をしたり辞めたりをくり返していた時期がありまして
ある時発達障害の本を読んで
AD/HD
LD
やばい…オレこれかも！

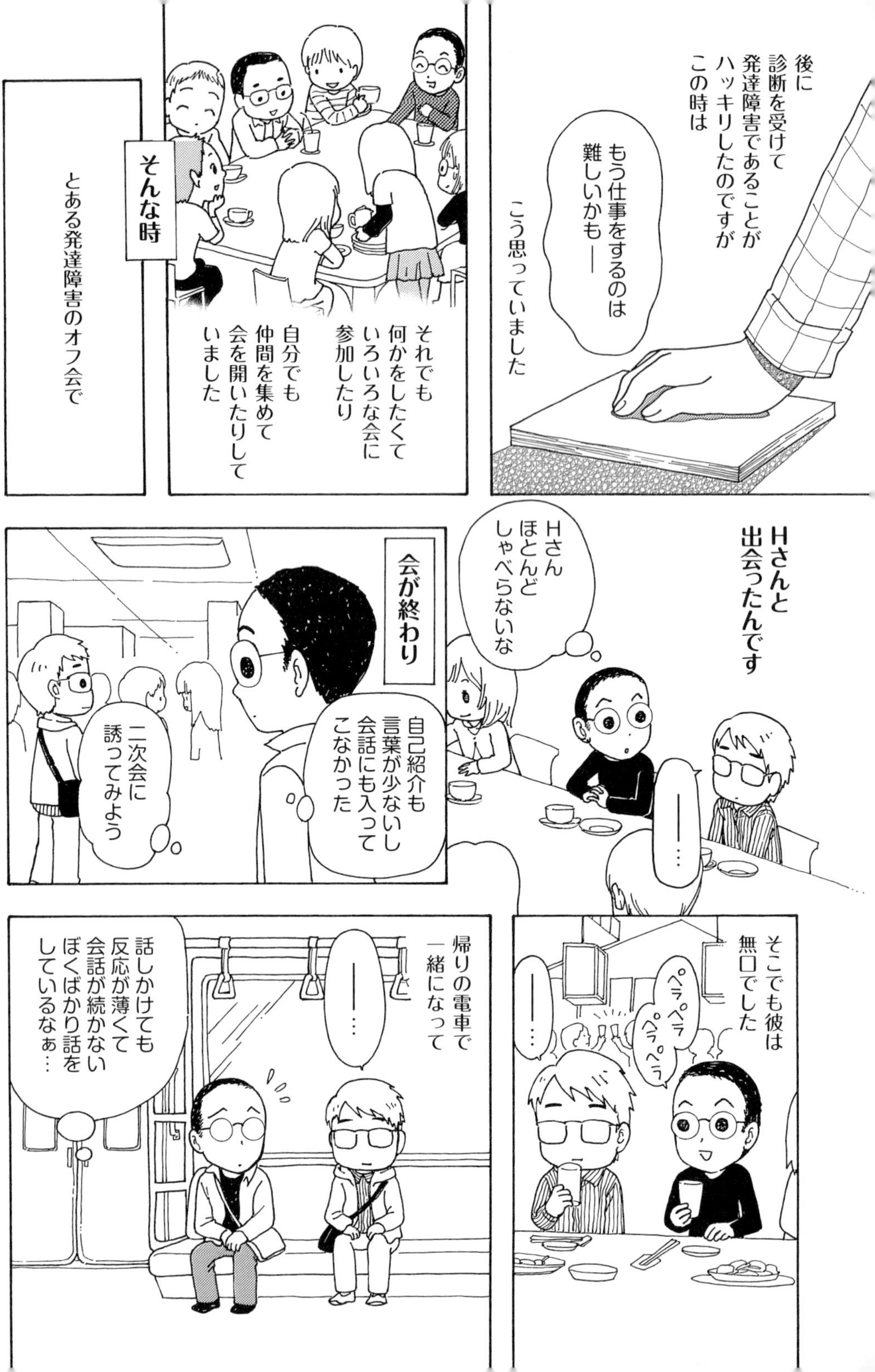
後に
診断を受けて
発達障害であることが
ハッキリしたのですが
この時は
もう仕事をするのは難しいかも――
こう思っていました
それでも何かをしたくて
いろいろな会に参加したり
自分でも仲間を集めて会を開いたりしていました
そんな時
とある発達障害のオフ会で
Hさんと出会ったんです
Hさん ほとんどしゃべらないな
――…
会が終わり
自己紹介も言葉が少ないし会話にも入ってこなかった
二次会に誘ってみよう
そこでも彼は無口でした
ペラペラ ペラペラ
――…
帰りの電車で一緒になって
――…
話しかけても反応が薄くて会話が続かない
ぼくばかり話をしているなぁ…

会話の接点が
見出せないまま
乗り換えの駅で
別れる時
じゃ！ また
Hさんは ようやく
あの…
もう少しだけ 話せませんか？
え…
その言葉は 勇気をふりしぼって やっとの思いで 出てきたのだと 分かりました
どうしたら 冠地さんみたいに 話せるように なりますか？
終電までの 2時間
ぼくはHさんの言葉を なんとか引き出そうと 話し続けました
話したいのに うまく言葉を つなげられない
つっかかりながら 少しずつしか 進めない
でも Hさんから 「本当は話がしたい」 ――という気持ちが 伝わってきました

ぼくみたいに
コミュニケーションが
わりと得意な人もいれば
Hさんのように
苦手な人もいる
話をするのが苦手な
人たちが
劣等感を持つことなく
自分を試せる場所が
あればなぁ…
なんとかして
あげたい
こう思う
ようになり
それで
発達障害の人
向けの
ワークショップを
考えたんです
1年半の
準備期間をかけて
2009年11月に
第1回「イイトコサガシ」
ワークショップを
開催しました
そうなん
ですか

では我々もワークショップに参加しちゃいましょー
後日
大田区・こうじや生活支援センター
生活支援センター
受付をして参加費を払います
500円です
安っっ!!
こうじや生活支援センターさんの全面的な協力で安く行えるんです
こんにちは
私も参加します
ありがたいです
ざらこ
今回の世話役
施設関係者のざらこさん
名札をもらって名前を記入
インターネットなどで使うハンドルネームで参加するのもOKです
かなしろ
リピーターやはじめての人当事者 一般の人などこの日の参加者は24名
輪になって座りまず自己紹介から
私はromi《ロミ》といいます
romi
モリ
自分の持つ障害のことを伝える人もいます
モリです会社員です仕事の帰りに参加しました

もし気分が悪く
なったり
フラッシュバックが
起きそうに
なったりした時は
早めに休んで
ください
無理しなくて
いいですからね
では
みんなの顔と
名前を覚える
ワークショップを
ボールを使って
行います
わー
ボールが
いっぱい
もしかして
投げ合うの？
まず
ボールをパスしたい人の
名前を呼んで
rom-iさん
はい
相手が
返事をして
ボールを受け取る
準備ができていることを
確認してから
パスします
どうぞー
なんだ～
転がすのか
ホッ
これは
コミュニケーションでも
いえることですが
相手が自分を
受け入れる態勢に
なっていることが
大事です！
でないと
想いが一方通行に
なってしまいます
RI《リ》RI《リ》さん
スルー
ルールは3回ほど
くり返し説明して
くれるので
ゆっくり理解できます

やってみました
ターちゃんさん はい
いろんな人にボールを回します
はい
ごろ
はい ボール増えまーす
ごろ
疋系《わいけい》さん
はい
次から次へとボールがきます☆
かなしろさん
わい
わい
何度も名前を呼び合ったりボールを渡し合ったり笑顔でアイコンタクトをすることで
わい
わい
気持ちが通じ合う気がする！
これってコミュニケーションにも通じるな～
いい運動になりますね
ほんのり汗かくねー
ハァハァ

それでは
6人一グループに
分かれて
ディスカッションの
ワークを行います
話し方の注意点が
いくつかありますので
参考にしてください
分かりやすい
話し方でした
声の大きさも
丁度よくて
聴きとり
やすかったです
コメントは
肯定的に
それって
○○なことなん
ですよね
そういう場合は
やっぱり
○○すべき
なんじゃないかと
思うけど
他の人の話を
聞いて
評論や分析
解説はしない
評論家
自分の話ばかりに
ならないように
相手に質問してみる
あなたは
どうですか？
人をほめる時は
上から目線に
ならないようにする
「やるじゃねーか」と
言うより
「こういうところが
いいと思いました」に
してみる
こんなルールを守れば
確かにKYとはいわれないよね
このディスカッションは
自分の話と人の話を
比べるものでも
テストでもありません
ペラ
ペラ
うまく話せなかった
からといって
落ち込まなくても
いいんです

みんなの「イイトコ」を探して楽しく会話してください
私は香楠さんがファシリテーターをするグループに入りました
よろしくお願いしまーす
グループごとに別の部屋に分かれてスタート
与えられたテーマとルールに沿って5分間二人が会話をします
では最初にオカダさんとヒョウゴさんが「ファンタジー」というテーマで話してください
はい
ヒョウゴさん
「ぼくはファンタジー小説を読んだりするので好きなテーマですがオカダさんはどうですか？」
「私はあまり詳しくないんですけど嫌いではないです」
「ヒョウゴさんはどんなファンタジー小説を読むんですか？」
オカダさん
「○△□×☆という作家のシリーズです知っていますか？」
「分からないです」
「そうですか映画はファンタジー系など観たりしますか？」

「私は ノンフィクションや リアルな社会派の 映画ばかりですね」
オカダ
！
「でも ハリー・ポッターは 知っていますよ」
ファンタジーって どーしてそーなる っていう ツッコミどころが いっぱいあるんですよね
ヒョウゴ
あははは は
お二人とも 5分間の中で 小説の話に限らず いろいろな 「ファンタジー」について 話していました
二人の話が終わると
オカダさんと ヒョウゴさんの 「イイトコ」を 見つけた人は 話してください
まずは 私から
みれこ
ファシリテーターは 一般の人と 同じ立場で 参加します
オカダさんは 苦手なテーマでも ヒョウゴさんの話に 合わせていて
相づちもうっていて マネしたいと思う 会話のマナーでした
そう そう
ありがとう ございます
ヒョウゴさんは ファンタジー小説の話が マニアックに ならないような 語り口にしていて みんなに分かりやすい 話でよかったです
なるほど！ マニアックになりすぎない 話し方も「イイトコ」だね

ヒョウゴさんは話がおもしろくてもう少し聞いていたいな～と思いました
「ファンタジー」のテーマで他にどんな話の切り口があると思いますか?
昔の神話とか
子供の頃に観たアニメの話とか
ああそうですね
うんうん!ディズニーやジブリもありますね
小さい頃の空想遊びもファンタジーじゃないですかね
わい
わい
などなど6人6通りの発想が出ておもしろい
一つのテーマで話すので集中しやすいし他の人達が話している様子を見ることで
こんなふうに話せばいいんだ
――と気がつくこともできます
私は「相談」というテーマで話しました
こうやって二人ずつ順番に行います
相手の方を知りたくて質問ばかりしていたら
あっという間に時間がきてしまいました
チーン
かなしろさんはよく質問して相手の話を聞いていました

いろいろなシーンで自信をなくす発達障害の人は少なくありません
うれぴー
でも皆さんに「イイトコ」を伝えてもらうことで話すことへの苦手意識は少しは薄れるんじゃないかな
人と交流をする勇気を与えて背中を押してくれる場所
それが「イイトコサガシ」なんですね
終了後の皆さんはホントいい表情でした
ありがとうございましたー
インタビューの最後に冠地さんは
発達障害のぼくらって「こうしなさい」「なんでこうしないの?」「こうしなきゃダメよ」っていわれることが多いけど
誰かに「ダメよ」っていわれるより自分で気づいた時のほうが成長するんですよね
百聞は一見に如かず
ダメよー
ガケになってるからキケンよー
地の果てを冒険してくる
アレ? 地球って丸くね?

自分と同じ特性で
悩んでいる
仲間と出会ったり
会話を聞いて
ディスカッションして
気がついていく!
「イイトコサガシ」は
そういう場所です
共生する
ミニ社会
発達障害を
よく知らない一般の人も
大歓迎ですので
ワークショップに参加して
理解を深めていただけたら
うれしいですね
そしてそのうち
発達障害は
特別なものじゃなく
日常にある
ありふれた光景の
一つみたいになっていくと
いいな…って
思います
さー 次の
会場の手配
打ち合わせ
こう語る冠地さんは
今日もワークショップの
準備に あちこち
走り回っていること
でしょう

column

発達障害と生きていく

田中康雄　こころとそだちのクリニック
むすびめ院長

社会で生きていくために

自分が、社会のあるいは誰かの役に立っているという感覚とか、誰かとつながりあいたいという思いは、生きる支えになるものです。同じように、誰かに支えてもらい、気にかけてもらっているという実感も大切なものだと思います。そうした相互の関係が成立するには、人のなかにいることが求められます。

一般的に、発達障害のある青年は、仕事や人間関係を比較的長く維持することが難しいようです。それは今に始まったことではないはずです。小さなころから「うまくいかなかった」という落胆を幾度となく経験していることが多いのです。そのため自分自身のなかにささやかな自負や自信、わずかな肯定感といったものをもつことがなかなか許されません。

発達障害と診断される方やその家族は、長いあいだ、日常生活を送るうえで生じる、こうした「生きにくさ」という辛い感覚を十二分にもって生きています。この障害がもつ、もっとも有害な影響とは、本人と親から自尊心を奪うことなのです。

●自分の「長所」に気づきにくい現状

ぼくは医者として、発達障害という特性をもつと思われる子どもや青年たちと出会い、診断し、一緒に日々の過ごし方を考えます。同時に周囲の協力者、とくに親や家族と、この子（青年）たちをどう理解し、どのように関わっていくのがいいのかを、これもまた一緒に考えていくわけです。

まんがに登場した中村まこさんが語っているように、発達障害のある人とは、「長所と短所の差が激しい」ために、「生活が安定しにくく、生活につまずいている方たち」であ

ると、わかってきました。ところが、それは周囲にも本人にもわかりにくく、承知されにくいのです。

相談にこられる方たちは、よい面や、きらりと光る才能、あるいはちょっとした優しさや気遣いができることへの評価よりも、生活のなかでの失敗が、頻回に、本当に頻回に繰り返されるために、周囲からも自分自身からもよい評価を得にくいという現実のなかにいます。その意味で、発達障害とともに生きていくのは容易なことではないのです。

発達障害は生活障害

本書に登場する方たちは、一生懸命に、七転び八起きで、真剣に前向きに生きています。さまざまな障害名が登場しますが、それよりも大事なのは、むしろ複雑な生きづらさに対する向き合い方です。これまで、

・どういった生き方をしてきたのか。
・どう生きていきたいと思っているのか。
・何に悩み苦しんできたのか。

これらを踏まえて、発達障害の特性をもち、それが生活をつまずかせている可能性がある方が直面しているのは「生活障害」であろうと、ぼくは考えます。

そのため、治療には応援や支援としての「生活面の改善」が含まれます。支援の根幹は「生きづらさの軽減」です。つまり「生活の工夫」となるわけです。

●どうしたら「生きやすいのか」を探る

ぼくが、子どもたちや青年の方々と一緒に考えるときは、まず「これでやってみよう」という妥協点を相談し、実践してもらいます。それでうまくいったときは、その人自身の力が十分に発揮できたことになります。ですからおおいに讃えあいます。もし、うまくいかなかったときは、それは作戦のミスです

から互いに反省します。一緒に作戦を練った者として、ときには謝り、また新たな作戦を立てていきます。「力が及ばなかったのではなく、力を発揮させる環境作りに失敗した」と理解しています。

基本的に自分に向いていない、苦手な分野で成功を収めるよりは、自分の力で処理できそうな仕事のほうが結果はついていきます。そのため、作戦を立てるときは「やりたいこと」より「できること」を重視します。

でも、やりたいと強く願えば、「ときに叶うことがある」ことも、ぼくは信じています。だから失敗を恐れるよりも、自分を主人公にして「まずやってみよう」と思って実践することを応援したいと思います。

生活適応への道

生活障害に向きあうには、短絡的な成功の道の発見よりも、自分が納得できる折り合いのつけ方が大切なのではないでしょうか。自分の人生なのですから……。

マンガに登場する「イイトコサガシ」は、個々の苦手なことをほんの少しだけ小さくすることにあると、ぼくは思います。日々の生活に直接応用できるものではないにしても、「気持ちが通じあう気がする」という感情は、かけがえのないものになります。「今までの経験がすべてではない」という気づきによって、別な生き方の可能性をもつことができると思います。まさに「生活障害から生活適応への道」だと思いました。

●当事者の会や親の会への期待

自分と同じ世界をもつ人、あるいは同じようでもまた一種異なる世界を分かちもつ人との出会いは、差違を知ることです。これは、自分自身をよりよく知ることだし、違う相手を認めあうことでもあります。

短絡的な自己啓発や変身願望よりも、ここまで生きてきた自分を改めて慈しみ、愛し、認めることで自己肯定感を育ててほしいと思います。

このように、当事者の会や親の集いは、孤立という誤解を解く意味があります。ぼくは、ここで訓練とか成否にこだわらず、ともに時間を過ごしながら「誰にもわかってもらえていない」という感覚を払拭してほしいと思います。

当事者の会や親の会は、全国にあります。その地域で、必要に迫られて生まれたものですから、それぞれとても個性豊かです。障害の特性だけでひとくくりにならないように、こうした集いにも向き不向きや相性があります。是非、ご自身で参加して体験し判断してほしいと思います。

自己発見は、生きているあいだついて回ります。同時に、周囲の方々へも目を向け、自他の気づきを更新してほしいと思います。それが成長だと思っています。

認めあい、赦しあい、ともに励ましあうなかで、一緒に今の時代を生きていく。支えあいこそが支援なのです。

この刻《とき》を一緒に過ごすという偶然の奇跡を、ぼくたちは喜びあいたいのです。

●田中康雄（たなか　やすお）

こころとそだちのクリニック　むすびめ院長。児童精神科医、臨床心理士。獨協医科大学医学部卒業。旭川医科大学附属病院外来医長、北海道立緑ヶ丘病院医長、国立精神・神経センター精神保健研究所児童・思春期精神保健部児童期精神保健研究室長などを経て、04～12年3月まで北海道大学大学院附属子ども発達臨床研究センター教授。退官後、「こころとそだちのクリニック　むすびめ」を開院。

『発達障害は生きづらさをつくりだすのか――現場からの報告と実践のための提言』（金子書房）、『発達支援のむこうとこちら』（日本評論社）、『もしかして私、大人の発達障害かもしれない!?』（すばる舎）など、多数の著書がある。

あとがき

私は、集団の中に息子を入れることが、いつも不安でした。塾でもキャンプでも迷惑をかけてしまうので、周りも自分もお互い嫌な思いをするのなら、周りと距離をおいたほうがいいのかもしれないと思っていたのです。

しかし、この本の取材で知り合った、支援に携わる方々のアドバイスや当事者の方の経験を伺っているうちに、誰だって大人になる過程では、周りの人を困らせて怒られたり助けられたりして成長するものなのだから、遠慮せずに集団の活動に参加して経験させようと思うようになりました。

それと、発達障害を取り巻く支援が整ってきていることを知り、当事者でも当事者の親でも相談ができることが分かり、これからのことが少し安心できるようになりました。

一人で解決できなくてどうしようもないときは支援を利用してみる、調子よく自分でできるときは支援から離れてみる、というような方法もとれそうです。支援を「困ったときの保険」のように考えて関わっていいんだと思いました。

取材では、マンガに書ききれないほどたくさんのことを学ばせていただきました。お忙しいなか、快く協力してくださった皆様にこの場を借りてお礼を申し上げます。コラムを寄稿してくださった阿部利彦先生、石井京子さん、田中康雄先生、取材に同行してくれた編集部の中満さん、記者の宇野さん、お力添えをありがとうございました。そして、この本を手にとってくださった皆様に感謝申し上げます。

木漏れ日が輝く日に　かなしろにゃんこ。

追加情報

○オフィスウイング（83ページに登場）は、2012年４月に２ヵ所目となる「地域活動支援センター　ウイング　ネクスト」を開所しました（2013年１月15日）。
○牧先生（25ページに登場）は３年生の学年主任を務めています（2013年５月14日現在）。
○オフィスウイングは2013年６月１日より横浜市西区のビル内に事務所を移転しました（2013年10月22日追記）。
○柳下さん（11ページに登場）は現在、視覚発達支援センター学習支援室室長として活躍されています（2015年３月４日追記）。
○2013年にDSM-5が出版され「自閉症スペクトラム」の名称が定着してきましたが、本書では取材時に確認した診断名のままとしています（2016年７月25日追記）。
○石井京子さん（69ページに登場）は現在、一般社団法人日本雇用環境整備機構の理事長を務めておられます（2021年４月９日追記）。

主要参考資料
（著者五十音順）

●書籍
・阿部利彦『発達障がいを持つ子の「いいところ」応援計画』（ぶどう社　2006）
・石井京子『発達障害の人の就活ノート』（弘文堂　2010）
・石井京子　池嶋貫二『発達障害の人のビジネススキル講座』（弘文堂　2011）
・梅永雄二『専門医に聞く　アスペルガー症候群』（日本文芸社　2010）
・高森明ほか『私たち、発達障害と生きてます　出会い、そして再生へ』（ぶどう社　2008）
・田中康雄（監修）『大人のAD／HD』（講談社　2009）
・月森久江（監修）『発達障害がある子どもの進路選択ハンドブック』（講談社　2010）
・山崎晃資『キャンパスの中のアスペルガー症候群』（講談社　2010）
・米田衆介『アスペルガーの人はなぜ生きづらいのか？　大人の発達障害を考える』（講談社　2011）
●新聞・雑誌記事など
・千葉県立船橋法典高等学校「高等学校における発達障害支援モデル事業（平成20・21年度）報告書」　※同高校のホームページよりダウンロード
・柳下記子「大人になって困らせない　ちょこっとＳＳＴ　第１回～第６回」（2011）　※『月刊　実践障害児教育』（学研教育出版）での連載
・読売新聞「発達障害の学生支援」（2010）、「発達障害と生きる（1）～（7）」「発達障害と大学（1）～（10）」（2012）　※紙面での連載
●ウェブサイト
・イイトコサガシ http://iitoko-sagashi.blogspot.jp/
・ＮＰＯ法人　発達障害支援アカンパニスト http://accompanist.jp/
・オフィスウイング http://www.officewing.jp/
・成人発達障害と歩む会『シャイニング』http://ayumukai1120.web.fc2.com/
・千葉県立船橋法典高等学校 http://www.chiba-c.ed.jp/f-houden-h/
・テスコ・プレミアムサーチ株式会社 http://www.tesco-premium.co.jp/
・東京海上ビジネスサポート株式会社 http://www.tokiomarine-bs.com/

講談社MOOK『G2』ウェブサイト上で2011年４月から９月にかけて連載された「コミックルポ　働く発達障害者」を大幅に加筆・訂正しました。掲載した内容は取材時のものです。ご協力くださった方々に心より感謝申し上げます。

■編集　宇野智子
■装丁　渡邊民人（TYPE FACE）

著者　かなしろにゃんこ。

千葉県生まれ、漫画家。1996年に「なかよし」でデビュー。代表作に「ムーぽん」ほか。『大人も知らない「本当の友だち」のつくり方』、『11歳の身の上相談』（ともに講談社）などにもイラストや漫画を寄稿している。著書に『漫画家ママのうちの子はADHD』（田中康雄監修）、『発達障害　うちの子、人づきあいだいじょーぶ!?』、『うちの子はADHD　反抗期で超たいへん！』『発達障害で問題児　でも働けるのは理由がある！』(石井京子監修・解説。以上、講談社)、『発達障害でもピアノが弾けますか？』（原作・中嶋恵美子、ヤマハミュージックメディア）などがある。

発達障害《はったつしょうがい》　うちの子《こ》、将来《しょうらい》どーなるのっ!?　　こころライブラリー

2012年９月27日　第１刷発行
2021年４月22日　第８刷発行

著　者　かなしろにゃんこ。
発行者　鈴木章一
発行所　株式会社講談社
　　　　郵便番号112-8001
　　　　東京都文京区音羽2-12-21
　　　　電話　編集　03-5395-3560
　　　　　　　販売　03-5395-4415
　　　　　　　業務　03-5395-3615
印刷所　株式会社新藤慶昌堂
製本所　株式会社若林製本工場

N.D.C.494　151p　21cm

ISBN978-4-06-259708-1